DEUTSCH

für die berufliche Praxis

erarbeitet
von
Dr. Ulrich Michael Leinhos-Heinke
und
Monika Pfitzner-Göbel

Cornelsen

Fachredaktion: Petra Bowien, Christina Nier
Illustrationen: Detlev Schüler
Fotos: Thomas Schulz
Gestaltung und technische Umsetzung: Ingo Ostermaier

1. Auflage ✔ Druck 4 3 2 1 Jahr 01 2000 99 98

Druck: Cornelsen Druck, Berlin

ISBN 3-464-41041-2

Bestellnummer 410412

gedruckt auf Recyclingpapier, hergestellt aus 100 % Altpapier

A Vorwort für Lernende und Lehrende

Telefongespräche, Patientengespräche, Terminabsprachen, Gespräche unter Kollegen, Fachgespräche, Arztbriefe schreiben und lesen, Arbeitsabläufe festlegen, Fachzeitschriften lesen, Erinnerungen, Mahnungen, Anfragen schreiben: Damit werden Sie täglich zu tun haben. Auch wenn vieles davon selbstverständlich scheint, verlangen diese Arbeiten von Ihnen eine Menge Fähigkeiten, die trainiert werden wollen.

Kein Mensch ist perfekt. Fehler sind in gewissem Rahmen erlaubt. Dazu gehört aber auch diese zu erkennen und auf ihre Vermeidung hinzuarbeiten. „Deutsch für die berufliche Praxis" soll Ihnen helfen solche Fehlerquellen abzubauen, denn ein an den Arztkollegen gerichteter Brief, der vor Fehlern strotzt, wird als peinlich empfunden. Die Mahnung an den Lehrer, der seine Arztrechnung nicht beglichen hat, aber in dem Schreiben „hundert" Fehler entdeckt, kann zur ewigen Quelle des Spotts werden.

Wir haben uns bemüht wesentliche Tätigkeitsbereiche der Zahnarzt- und Arzthelferinnen darzustellen und entsprechende Übungen zu entwickeln. Vieles kann jedoch nur in Ansätzen in so einem schmalen Heft dargestellt werden. Gravierende Mängel der Schreibkompetenz und Sprachdefizite kann und soll dieses Heft nicht beheben. Vielmehr wird Bekanntes aufgegriffen und wiederholt.
Mit dem Arbeitsheft soll man arbeiten, d. h., es darf, soll hineingeschrieben werden, den Rand können Sie für Notizen nutzen.

Dennoch werden Sie nicht ohne Heft oder Ordner auskommen. Häufig werden Sie über Ihre Arbeit nachdenken. Bei der Vielfältigkeit der Tätigkeiten in den unterschiedlichen Fachpraxen niedergelassener Ärzte führen bei deren Auszubildenden solche Überlegungen sicherlich zu unterschiedlichen Resultaten. Sprechen Sie darüber, sammeln Sie solche Informationen, denn Sie könnten diese eines Tages brauchen.

Die Arbeitsprojekte können optional eingesetzt werden und dienen der Öffnung des Unterrichts. Gruppen- und Partnerarbeit schulen soziale Kompetenzen, die gerade in einer Arztpraxis unerlässlich sind.

B Die Bedeutung der Sprache für medizinische Ausbildungsberufe

Was ist Kommunikation?

Kommunikation bedeutet Verständigung. Man unterscheidet zwischen verbaler (sprachlicher) Kommunikation und nonverbaler (nichtsprachlicher) Kommunikation (Verständigung, die über Gestik, Mimik, Körperhaltung und Blickkontakt zu Stande kommt). Wie Sie aus eigener Erfahrung wissen, kann es auf allen Ebenen zu Missverständnissen kommen. So wird man zuweilen gefragt, warum man so böse gucke, dabei hat man vielleicht nur nachgedacht.

Gestörte mündliche Kommunikation

① Flüstern Sie Ihrer Nachbarin eine Nachricht ins Ohr, die wiederum ohne weitere Nachfrage das, was sie verstanden hat, der Nachbarin zur anderen Seite weiterflüstert. Dies geht so lange, bis die Nachricht wieder bei der Nachrichtengeberin angelangt ist. Jetzt werden Ursprungsnachricht und geflüsterte Nachricht verglichen. Spekulieren Sie, warum sich die Ursprungsnachricht verändert hat.

② Schreiben Sie einen Merksatz auf um solche Probleme im normalen Gespräch zu vermeiden.

Verständigungsprobleme

Mit einigem Lärmen betreten zwei Männer die Praxis Dr. Mull. Der eine, gestützt auf den anderen, zeigt ein schmerzverzerrtes Gesicht. Stefanie Freundlich, Arzthelferin, ist sofort zur Stelle und bietet ohne große Worte einen Sitzplatz an.
Heftig mit den Armen rudernd wehrt der Schmerzpatient den angebotenen Stuhl ab.

Stefanie: Kann ich Ihnen helfen?
Mann: We need a doctor, please, badly. He's got a pain in his back.
Stefanie: Wie bitte?
Mann: He's hurt. He is in pain. Please do something.
Stefanie, immer noch völlig verwirrt, wendet sich zu ihrer Kollegin Helga und schaut sie ratlos an.
Helga: Can we help you?
Mann: Oh, yes! We need a doctor. My friend's hurt his back. He can't sit, he can hardly walk and he is a deaf mute.
Helga: Stefanie, führe bitte den Patienten in den zweiten Untersuchungsraum und biete ihm die Liege an.
Schmerzpatient und Stefanie ab.
Helga: Do you speak German? My English is not so good.
Mann: *(mit resigniertem Ausdruck)* Well, I'll try. Mein Freund ist hurt.
Helga: Zunächst brauche ich den Namen.
Mann: Wie bitte?
Helga: *(leicht ungeduldig)* Wie heißt Ihr Freund? His name!
Mann: Ah, name, Harry, Harry Brent.
…

① Unterstreichen Sie in unterschiedlichen Farben die Wörter und Satzteile, die wesentliche Informationen vermitteln: nicht sprachliche Kommunikationsmittel grün und wesentliche verbale Kommunikationsmittel rot. Achten Sie darauf, dass Kommunikation Verständigung heißt.

② Notieren Sie für die Kommunikationsmittel eine kurze Beschreibung dessen, was gemeint ist.

Text	Kommunikationsart	Ausdruck
schmerzverzerrtes Gesicht	nonverbal, mimisch	Verletzung
St. bietet … Sitzplatz an	nonverbal …	

③ Markieren Sie am Rand die Stellen, bei denen eine verbale Kommunikation nicht zu Stande kommt.

④ Versuchen Sie mit eigenen Worten diese Probleme zu lösen.
(Alternativ: Spielen Sie die Szene durch oder verfassen Sie einen Text.)

⑤ Nonverbale und verbale Kommunikationsmittel ergänzen einander. Vergleichen Sie bitte Ihre Notizen oder die gespielte Szene mit dem Text und stellen Sie fest, was Sie als Arzthelferin anders gemacht hätten.

⑥ Erstellen Sie schriftlich Regeln für eine möglichst konfliktfreie und störungsfreie Kommunikation. Ergänzen Sie die Liste im Klassengespräch.

⑦ Überlegen Sie vor dem Hintergrund Ihres Tätigkeitsbereichs, warum gerade für Sie diese Regeln wichtig sind.

Schriftliche Kommunikation

① Überlegen Sie, mit welchen Texten Sie während Ihrer Ausbildung und Tätigkeit konfrontiert sind.

② Ergänzen Sie diese Textarten durch Texte, die Sie in Ihrer Freizeit, im häuslichen Umfeld, lesen oder schreiben.

③ Überlegen Sie, ob bei Texten die Kommunikation ähnlich stattfindet wie bei einer Begegnung von Angesicht zu Angesicht.
Beschreiben Sie die Unterschiede.

Gestörte schriftliche Kommunikation

Völlig unverständlicherweise gesteht man auch heute noch vielen Ärzten eine „sehr ausgeschriebene" Handschrift zu. Die Klagen aus der Apothekerschaft über die vielen unnötigen Rückfragen wegen eines unleserlichen Rezeptes sind dank der Computertechnik etwas weniger geworden. Außerdem sind es heute häufig die Arzthelferinnen, die das Rezept ausschreiben und vom Chef oder der Chefin kontrollieren und unterschreiben lassen.
Gestörte schriftliche Kommunikation gibt es in jedem Bereich, nicht immer ist eine solche Ausweichstrategie möglich.

① Welche Faktoren können die Verständigung im schriftlichen Bereich stören oder gar unmöglich machen? Erstellen Sie mit Ihrer Nachbarin eine Liste. (Denken Sie dabei an das Schriftbild, den Text, die Gestaltung des Textes.)

② Verfassen Sie Grundregeln für die möglichst störungsfreie schriftliche Verständigung.

C Mündliche Kommunikation

Gespräche an der Rezeption

Patienten aufnehmen

① In manchen Arztpraxen hat die „Rezeption“ eine andere Bezeichnung.
Nennen Sie mindestens zwei weitere Ausdrücke (fragen Sie auch Ihre Sitznachbarinnen):

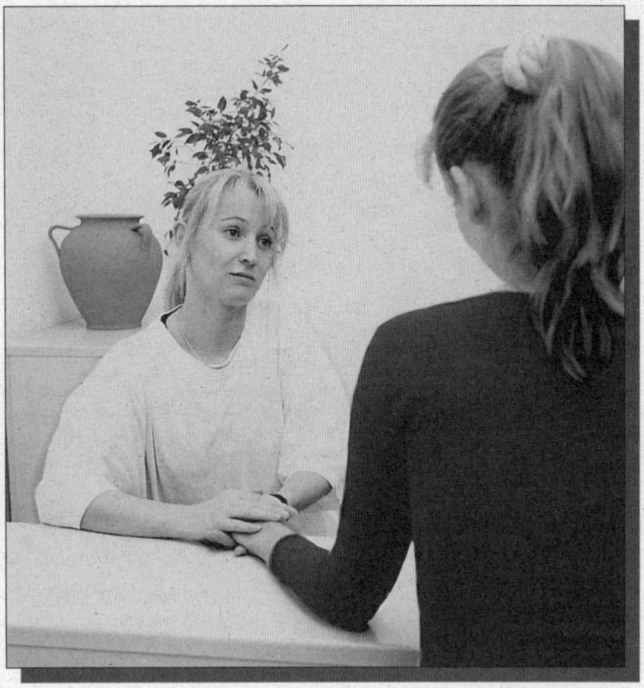

② Der erste Kontakt mit dem Patienten an der Rezeption ist von großer Bedeutung für das Vertrauensverhältnis zwischen Patient und Arzt/Praxis.

a) Nennen Sie die Gründe dafür:

b) Ziehen Sie zu dieser Frage auch Ihr Fachkundebuch zu Rate:

Tragen Sie in die folgende Tabelle ein, an welchen beiden Stellen man in einem Fachbuch Informationen zu einem bestimmten Thema findet:

Informationen in einem Fachbuch finden		
Verzeichnis	findet man im Buch am	ist geordnet nach

c) Nennen Sie die Stichworte, unter denen Sie zu der gestellten Frage in Ihrem Fachkundebuch suchen können:

d) Geben Sie die Gründe für die Bedeutung des ersten Kontaktes an, die Sie Ihrem Fachkundebuch entnehmen konnten und vergleichen Sie mit Ihren Antworten von Aufgabe ② a) Seite 9:

③ Formulieren Sie in wörtlicher Rede, wie Sie einen neuen Patienten an der Rezeption begrüßen würden (bemühen Sie sich dabei so höflich und freundlich wie möglich zu formulieren):

④ Ergänzen Sie folgenden Merksatz:

M

Denken Sie immer daran, dass Sie einen ____________ Beruf gewählt haben und dass das Verhältnis zwischen Menschen stark von den ersten Sekunden des Kontaktes beeinflusst wird!

Einen Schmerzpatienten empfangen

Eine ältere Patientin betritt die Praxis und berichtet, sie habe seit mehreren Stunden starke Schmerzen.

① Vervollständigen Sie die folgenden Sätze und tragen Sie die Handlungsschritte in einer sinnvollen Reihenfolge in den nachstehenden Merksatz ein:

- Ich gehe zu der Ärztin (dem Arzt) oder einer erfahrenen Kollegin, beschreibe ______________ und frage um ______.
- Ich lasse mir Art und Sitz der ______________ genau beschreiben.
- Ich verspreche rasche ____________.
- Ich biete einen ______________ an (damit die Patientin nicht stehen muss).

M

Beim Empfang von Schmerzpatienten muss beachtet werden:

1. ______________________________
2. ______________________________
3. ______________________________
4. ______________________________

② Ihnen ist mitgeteilt worden, die Patientin wäre trotz ihrer Schmerzen nicht in einer bedrohlichen Verfassung. Formulieren Sie in wörtlicher Rede, wie Sie diese Patientin darum bitten, etwas Geduld zu haben und im Wartezimmer Platz zu nehmen:

____

____

____

____

____

____

____

____

____

Einen Firmenmitarbeiter empfangen

① Ein Herr in Anzug und Krawatte mit Aktenkoffer betritt die Praxis, stellt sich als Mitarbeiter einer Arzneimittelfirma vor und teilt mit, er habe jetzt einen Besprechungstermin mit dem Arzt oder der Ärztin. Diese(r) hat die Praxis jedoch gerade zu einem dringenden Notfall-Hausbesuch verlassen. Formulieren Sie in wörtlicher Rede, wie Sie auf diesen Besucher eingehen:

____

____

____

____

② Ergänzen Sie folgenden Merksatz:

M

_________________________ ist auch für andere wichtige Besucher das „Aushängeschild" einer Arztpraxis!

Mit ungeduldigen Patienten umgehen

Ein Patient kommt mit bösem Gesicht aus dem Wartezimmer und beschwert sich, ein anderer Patient sei vor ihm aufgerufen worden, obwohl er später gekommen sei.

① Zählen Sie möglichst viele Gründe auf, warum Patienten in einer anderen Reihenfolge aufgerufen werden, als sie in die Praxis gekommen sind:

1. ____
2. ____
3. ____
4. ____
5. ____

② Wählen Sie einen dieser Gründe und formulieren Sie eine möglichst höfliche und tröstende Antwort an den ungeduldigen Patienten:

____

____

____

____

Gespräche im Behandlungsraum

Das Patientengespräch im Behandlungsraum

Neben der Patientenaufnahme und der praktischen Unterstützung der Ärztin oder des Arztes haben die Praxismitarbeiterinnen oft eine wichtige Aufgabe bei der psychischen (seelischen) Betreuung eines Patienten während der Behandlung: Der erfolgreiche Verlauf einer Behandlung hängt auch von der Beruhigung des Patienten ab. Wenn die Ärztin oder der Arzt während der Behandlung keine Zeit hat auf die Schmerzen oder die Ängste des Patienten näher einzugehen, fällt die Aufgabe des Tröstens Ihnen zu.

Entscheiden Sie, um welche Aufgabe der Sprache es sich hierbei handelt:

Es handelt sich um die ______________ Aufgabe der Sprache.

① Zählen Sie mindestens drei Formulierungen auf, mit denen Patienten, die während der Behandlung akute Schmerzen empfinden, beruhigt und getröstet werden können (arbeiten Sie mit Ihrer Nachbarin zusammen, formulieren Sie in wörtlicher Rede):

1. ______________________________

____

____

2. ______________________________

____

____

3. ______________________________

____

____

Häufig spüren Sie während einer Behandlung, dass der Patient oder die Patientin Angst empfindet, z. B. vor einem unangenehmen („positiven“) Ergebnis einer Untersuchung.

② Erklären Sie, was der medizinische Fachausdruck „ein positives Untersuchungsergebnis“ genau bedeutet:

____

____

____

③ Erklären Sie, warum dieser Ausdruck von Patienten häufig genau gegenteilig verstanden wird:

④ Suchen Sie nach mindestens zwei Formulierungen, mit denen Patienten, die während der Behandlung Angst empfinden, beruhigt und getröstet werden können (arbeiten Sie mit Ihrer Nachbarin zusammen, formulieren Sie in wörtlicher Rede):

1.

2.

Mit Kindern umgehen

Kinder sind bei Schmerzen und Angst besonders auf Trost angewiesen, weil sie noch nicht wie Erwachsene ihren Verstand und ihre Lebenserfahrung dazu einsetzen, sich selbst zu trösten.

① Zählen Sie mindestens drei Formulierungen auf, mit denen Sie Kinder verschiedenen Alters während einer Behandlung trösten können; geben Sie jeweils das Alter an, das Sie sich für die Patienten vorstellen (arbeiten Sie mit Ihrer Nachbarin zusammen, formulieren Sie in wörtlicher Rede):

1.

2.

3.

② Lesen Sie den nachfolgenden Text, der aus einem Fachkundebuch für Zahnarzthelferinnen stammt, absatzweise.

Kinder als Patienten

Unsere besondere Aufmerksamkeit gilt auch den Kindern. Wenn wir sie beim Behandeln spielerisch ablenken und nicht verunsichern, werden sie uns vertrauen und nach und nach mit einer Behandlung einverstanden sein.

Es gibt viele Möglichkeiten die Behandlung für die Kinder spielerisch ablaufen zu lassen, z. B. mit Hilfe von Kinderkassetten, Kasperlepuppen, Büchern, Fingerpuppen, Bemalen der Fingerspitzen von Zahnarzt und Zahnarzthelferin mit einem lachenden Gesicht usw.

Geschwister dürfen sich auch ruhig einmal gegenseitig untersuchen – allerdings nur mit Hilfe des Mundspiegels und unter Aufsicht. Oder sie dürfen der Mutter oder dem Vater in den Mund schauen oder sogar dem Zahnarzt. Bei manchen Kindern ist es möglich/nötig, die ganze Behandlung als Spiel ablaufen zu lassen.

Bei Kindern in einem bestimmten Alter kann man die Zahnbehandlungsgeräte verharmlosen: Die Turbine ist ein Düsenjäger, der Bohrer ein Hubschrauber und das Mehrfunktionshandstück lässt es regnen. Hierfür braucht man jedoch etwas Feingefühl: Was für ein 6-jähriges Kind noch richtig ist, kann für ein 8-jähriges Kind schon falsch sein. Wichtig ist es, sich jedem Alter anzupassen und den Kindern nicht das Gefühl zu geben lächerlich gemacht zu werden.

Kinder sollten auch nie angelogen werden. Vor allem sollte man nicht behaupten, die Behandlung tue nicht weh. Wenn dies nicht stimmt, kann es dazu führen, dass das Kind jede weitere Behandlung verweigert.

Eine nette Geste ist es, wenn das Kind vor dem Verlassen der Praxis eine kleine Belohnung für seine „Tapferkeit" bekommt, z. B. kleine Spielzeuggeschenke, Medaillen, Armbänder, Wundertüten, zuckerfreie Kaugummis und zuckerfreie Bonbons, kindergerechte Broschüren zur Prophylaxe usw.

Kinder sind schnell überfordert, wenn die Behandlungen zu lange dauern. Deshalb wird der Zahnarzt lieber in therapeutisch kleinen Schritten vorgehen. Häufige Kurztermine empfinden jedoch manche Eltern als lästig. Begründen Sie daher den Eltern gegenüber, warum das Kind besser für jede Füllung einen Einzeltermin bekommt.

Die Behandlung von Kindern benötigt sicher viel Geduld, aber andererseits macht es auch Spaß mit Kindern zu arbeiten und den guten Erfolg der eigenen Tätigkeit zu beobachten – und nirgends wird er deutlicher sichtbar als in dem Vertrauen der kleinen Patienten.

Fachkunde für Zahnarzthelferinnen, Cornelsen Verlag, 1993, S. 55

a) Unterstreichen Sie in jedem Absatz die wichtigsten Wörter.

b) Fassen Sie jeden Absatz zu einem Satz zusammen, den Sie für den Umgang mit Kindern merkenswert halten (wenn Sie einen anderen Ausbildungsberuf als den der Zahnarzthelferin haben, überlegen Sie gleich, wie sich die Ratschläge auf Ihren Beruf übertragen lassen):

1. Um die Aufmerksamkeit der Kinder auf sich zu lenken werden sie spielerisch abgelenkt

2. Man kann die Behandlung wie ein Spiel ablaufen lassen in dem man sie verharmlost.

3. Man sollte Kinder nie anlügen und sagen die Behandlung täte nicht weh und eine kl. Belohnung für sie parat halten!

4.

5. ____________________

____

____

6. ____________________

____

____

7. ____________________

____

____

8. ____________________

____

____

Mit nicht sprachlichen Mitteln trösten

① Beschreiben Sie mindestens drei nicht sprachliche Kommunikationsmittel, mit denen Sie tröstend auf Patienten einwirken können:

1. ____________________
2. ____________________
3. ____________________

② Ergänzen Sie folgenden Merksatz:

M

Fragen Sie unbedingt ______ der Behandlung die Ärztin oder den Arzt um ________, welche kommunikativen Aufgaben Sie während der Behandlung gegenüber dem Patienten erfüllen sollen. Sprechen Sie sich darüber auch mit Ihren ____________________ ab!

Telefongespräche

Telefonieren in der Arztpraxis

① Welche Geräte können in einer Arztpraxis außer dem Telefon noch zur Fernkommunikation dienen? Zählen Sie auf:

1.	2.
3.	4.

② Warum rufen Patienten in der Arztpraxis an? Zählen Sie aus Ihrer Erfahrung unterschiedliche Gründe auf.

③ Warum ist das Telefongespräch für den Kontakt mit den Patienten wichtig?

a) Nennen Sie mindestens drei Vorteile des Telefonierens gegenüber anderen Kommunikationsformen:

1.

2.

3.

b) Nennen Sie mindestens drei Nachteile des Telefonierens gegenüber anderen Kommunikationsformen:

1. ______

2. ______

3. ______

c) Zählen Sie Gefühle auf, die Patienten beim Telefonat mit einer Arztpraxis haben oder bekommen können:

______

______

d) Nennen Sie Verhaltensregeln, die Sie deshalb beim Telefongespräch mit Patienten beachten sollten:

1. ______

2. ______

3. ______

4. ______

5. ______

6. ______

④ Welche Telefonpartner könnte es in einer Arztpraxis außer den Patienten geben? Nennen Sie Beispiele:

______

______

______

______

⑤ Ein Anrufer verlangt am Telefon Auskunft über einen Ihrer Patienten. Wie reagieren Sie?

a) Begründen Sie Ihre Antwort, nachdem Sie sich folgenden Text aus einem Fachkundebuch durchgelesen haben:

Vorsichtig muss man sein, wenn ein Anrufer am Telefon Auskünfte wünscht. Zur Wahrung der Schweigepflicht dürfen am Telefon keine Auskünfte über Patienten gegeben werden. Es darf am Telefon noch nicht einmal mitgeteilt werden, ob ein bestimmter Patient die Praxis aufgesucht hat. In Zweifelsfällen ist das Gespräch dabei an den Arzt weiterzuleiten.

Fachkunde für Arzthelferinnen, Cornelsen Verlag, 1993, S. 311

______

______

______

______

b) Ergänzen Sie folgenden Merksatz:

> Die ärztliche Schweigepflicht verlangt, dass Ihre Telefongespräche mit Patienten von Dritten (z. B. anderen Patienten) nicht ______________ werden können!

M

Telefongespräche annehmen

① Wie melden Sie sich, wenn Sie in der Praxis den Telefonhörer abheben?

a) Sammeln Sie alle Angaben, mit denen Sie sich am Telefon melden sollten.

____

____

____

b) Bringen Sie diese Angaben in eine sinnvolle Reihenfolge und formulieren Sie sie in wörtlicher Rede (achten Sie dabei auf eine möglichst höfliche und freundliche Formulierung):

____

____

____

c) Ergänzen Sie folgenden Merksatz:

> Gewöhnen Sie sich an, Ihren eigenen ______________ grundsätzlich langsam und besonders ______________ auszusprechen!

M

② Wie reagieren Sie, wenn ein Patient oder eine Patientin „sofort" mit dem Arzt oder der Ärztin verbunden werden will?

a) Formulieren Sie eine freundlich-bestimmte Erwiderung in wörtlicher Rede:

____

____

____

b) Wie würden Sie im Zweifelsfall reagieren?

____

____

____

Den Praxis-Anrufbeantworter besprechen

① Sammeln Sie alle Angaben und Aufforderungen, mit denen sich der Ansager oder die Ansagerin auf dem Anrufbeantworter melden sollte:

② Bringen Sie diese Angaben und Aufforderungen in eine sinnvolle Reihenfolge und formulieren Sie sie in wörtlicher Rede (achten Sie dabei wiederum auf eine möglichst höfliche und freundliche Formulierung):

Einen eigenen Anruf vorbereiten und durchführen

Martina S., Auszubildende, führt folgenden Anruf aus:

„Guten Tag, hier Praxis Dr. Schmitt! Sind Sie der Herr Huber? Ich habe immer noch nicht Ihre Versicherungskarte. Bitte bringen Sie das umgehend in Ordnung..."

Einige Tage später wird Martina von ihrer Chefin gerügt: Herr Huber habe sich über die Anruferin beschwert.

① Nennen Sie die Fehler, die Martina gemacht hat:

② Formulieren Sie in wörtlicher Rede, wie Sie diesen Anruf gestalten würden (vergleichen Sie dazu Ihre Antwort auf die Frage ① Seite 19):

M

Wenn Sie wichtige Anrufe durchführen, sollten Sie sich
- ▶ vorher genau überlegen, was Sie fragen oder mitteilen wollen,
- ▶ einen Stichwortzettel mit allen wichtigen Informationen vorbereiten und
- ▶ alle für das Gespräch notwendigen Unterlagen geordnet neben dem Telefon bereitlegen.

③ So... ... oder so?

Begründen Sie Ihre Entscheidung:

____

____

____

____

④ Bereiten Sie Martinas Anruf vor:

a) Welche Unterlagen müssen Sie bereitlegen?

____

____

____

____

b) Welche Informationen notieren Sie **vor** Ihrem Anruf auf einem Stichwortzettel?

____

____

____

____

⑤ Herr Geheilt, Privatpatient, hat seine Behandlung noch nicht abgerechnet. Sie wollen diesen Sachverhalt telefonisch mit ihm klären und ihn gegebenenfalls freundlich an seine Zahlungspflicht erinnern.

a) Entnehmen Sie der abgebildeten Rechnungskopie die für das Gespräch notwendigen Angaben und bereiten Sie einen Stichwortzettel vor:

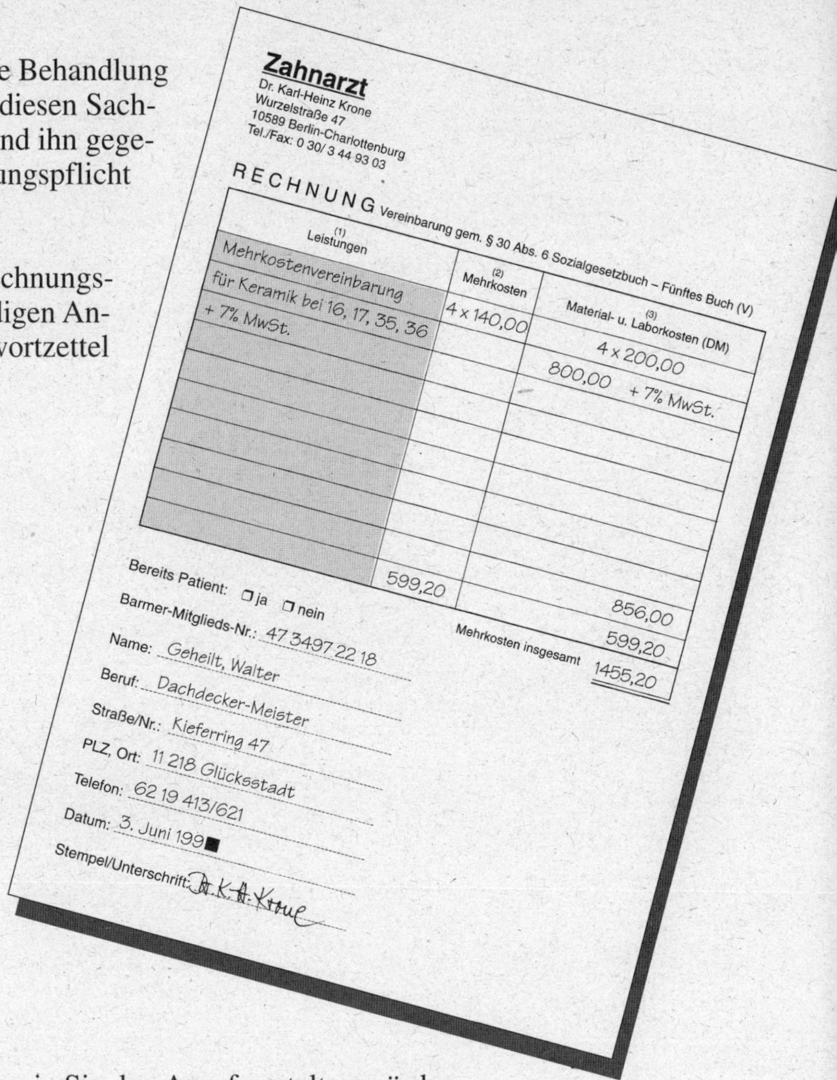
Zahnarzt
Dr. Karl-Heinz Krone
Wurzelstraße 47
10589 Berlin-Charlottenburg
Tel./Fax: 0 30/ 3 44 93 03

RECHNUNG Vereinbarung gem. § 30 Abs. 6 Sozialgesetzbuch – Fünftes Buch (V)

(1) Leistungen	(2) Mehrkosten	(3) Material- u. Laborkosten (DM)
Mehrkostenvereinbarung für Keramik bei 16, 17, 35, 36 + 7% MwSt.	4 x 140,00	4 x 200,00
		800,00 + 7% MwSt.
	599,20	856,00
	Mehrkosten insgesamt	599,20
		1455,20

Bereits Patient: ❒ ja ❒ nein
Barmer-Mitglieds-Nr.: 47 3497 22 18
Name: Geheilt, Walter
Beruf: Dachdecker-Meister
Straße/Nr.: Kieferring 47
PLZ, Ort: 11 218 Glückstadt
Telefon: 62 19 413/621
Datum: 3. Juni 199■
Stempel/Unterschrift: Dr. K.-H. Krone

b) Formulieren Sie in wörtlicher Rede, wie Sie den Anruf gestalten würden, wenn sich am Telefon Frau Geheilt meldet und Sie eine entsprechende Nachricht für Herrn Geheilt hinterlassen wollen:

⑥ Bereiten Sie auf ebensolche Weise weitere Anrufe vor. Formulieren Sie Ihren Anruf in wörtlicher Rede und spielen Sie mit Ihrer Nachbarin das Telefonat:

a) Anruf bei einem Patienten wegen Verschiebung eines Behandlungstermins (denken Sie sich die Daten aus):

b) Anruf bei einer Firma für Laborbedarf wegen Eilbestellung von 100 Einmalspritzen 0,5 ml, Katalog-Bestellnummer 101350 (bedenken Sie dabei: Was muss der Empfänger alles über den Anrufer wissen um die Bestellung ausführen zu können? Denken Sie sich genaue Angaben aus):

c) Wo können Sie wichtige Angaben für Ihre telefonische Bestellung entnehmen?
Um welche Angaben handelt es sich dabei?

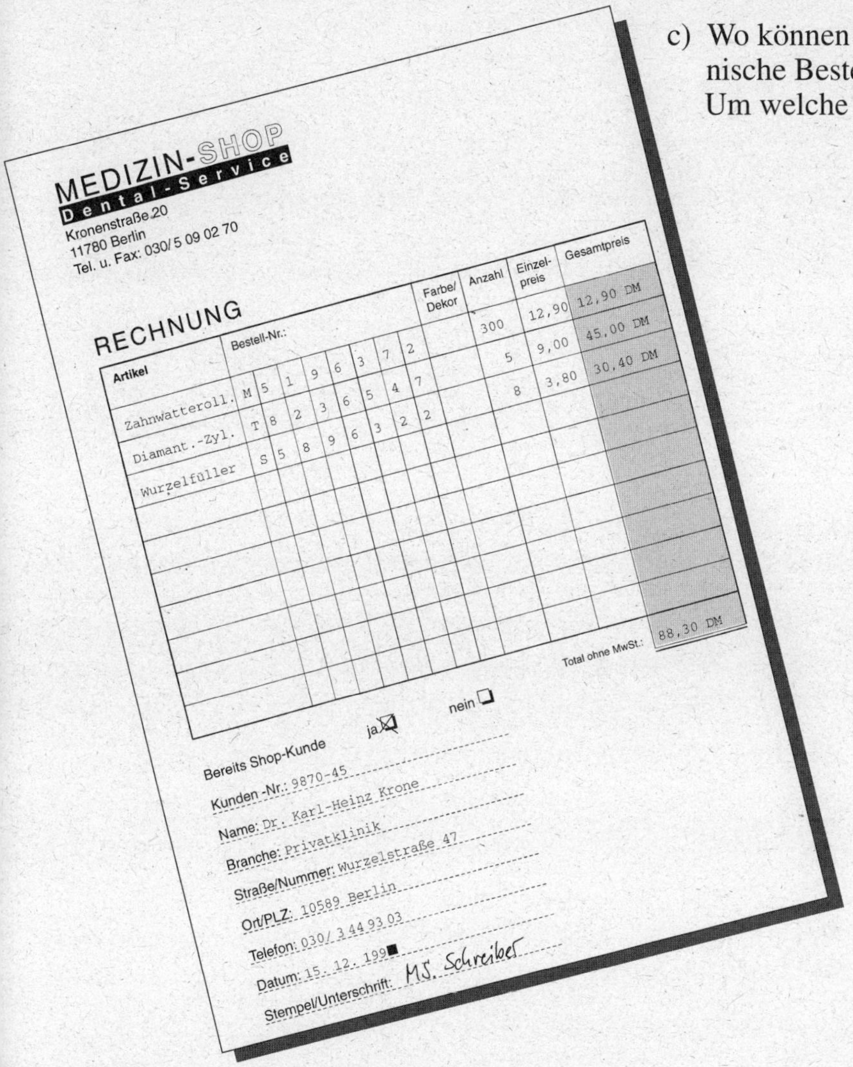

MEDIZIN-SHOP
Dental-Service
Kronenstraße 20
11780 Berlin
Tel. u. Fax: 030/ 5 09 02 70

RECHNUNG

Artikel	Bestell-Nr.:								Farbe/ Dekor	Anzahl	Einzel-preis	Gesamtpreis
Zahnwatteroll.	M	5	1	9	6	3	7	2		300	12,90	12,90 DM
Diamant.-Zyl.	T	8	2	3	6	5	4	7		5	9,00	45,00 DM
Wurzelfüller	S	5	8	9	6	3	2	2		8	3,80	30,40 DM
											Total ohne MwSt.:	88,30 DM

Bereits Shop-Kunde ja ☒ nein ☐
Kunden-Nr.: 9870-45
Name: Dr. Karl-Heinz Krone
Branche: Privatklinik
Straße/Nummer: Wurzelstraße 47
Ort/PLZ: 10589 Berlin
Telefon: 030/ 3 44 93 03
Datum: 15. 12. 199■
Stempel/Unterschrift: M.J. Schreiber

Eine Mitteilung auf einem Anrufbeantworter hinterlassen

Viele Menschen empfinden es als unangenehm, eine Mitteilung auf einem Anrufbeantworter zu hinterlassen, obwohl dies im Berufsleben oft sinnvoll und unumgänglich ist.

① Nennen Sie mindestens zwei Gründe, warum das Besprechen eines Anrufbeantworters eine besondere Kommunikationssituation darstellt:

② Sie haben sich bei einem Anruf nicht darauf vorbereitet, dass sich ein Anrufbeantworter melden könnte, und erschrecken. Nennen Sie einen Trick, wie Sie doch noch eine gut vorbereitete Nachricht auf dem Anrufbeantworter hinterlassen können:

____

③ Leider meldet sich auch bei Herrn Geheilt diesmal nur ein Anrufbeantworter. Formulieren Sie in wörtlicher Rede, was Sie für eine Mitteilung auf dem Gerät hinterlassen würden (berücksichtigen Sie dabei Unterschiede zu einem Anruf, bei dem Ihr Gesprächspartner Rückfragen stellen kann):

____

____

____

____

____

④ Ergänzen Sie folgenden Merksatz:

M

Man sollte sich vor beruflichen Anrufen grundsätzlich darauf einstellen, dass sich am anderen Ende statt eines echten Gesprächspartners ein ____________________ melden könnte, und seinen Anruf entsprechend gründlich vorbereiten.

Einen Notfallanruf entgegennehmen

Bei einem Notfallanruf müssen Sie alle wichtigen Angaben während des Anrufs notieren.

① Tragen Sie bitte in die folgende Tabelle die **5 W-Fragen** ein, zu denen Sie Angaben notieren müssen:

1.	2.	3.	4.	5.

② Spielen Sie mit Ihrer Nachbarin ein Rollenspiel, in dem sich die eine Partnerin einen Notfall ausdenkt (es darf auch ein lustiger „Notfall“ sein!) und dazu einen (sehr aufgeregten!) Notfallanruf macht und die andere mit Hilfe der W-Fragen alle notwendigen Angaben ermittelt.

M

Bemühen Sie sich bei Annahme eines Notfallanrufs darum, auf Ihren Gesprächspartner beruhigend einzuwirken und Hilfsbereitschaft und Trost auszustrahlen.

③ Formulieren Sie in wörtlicher Rede mindestens drei Äußerungen, mit denen Sie einen aufgeregten Anrufer beruhigen können:

1. ____

2. ____

3. ____

④ Spielen Sie das Spiel mit vertauschten Rollen.

Eine Hausbesuch-Anforderung annehmen

Die Anforderung eines Hausbesuchs durch einen Patienten oder dessen Familie stellt eine besondere Gesprächssituation dar, weil Ihr Arzt oder Ihre Ärztin ganz auf die Angaben angewiesen ist, die Sie ihm aus dem Telefongespräch übermitteln.

① Entnehmen Sie dem folgenden Text aus einem Fachkundebuch die für einen Hausbesuch notwendigen Angaben und entwerfen Sie daraus eine kleine Tabelle, die Sie als „Formular" für Hausbesuch-Anforderungen in Ihrer Praxis verwenden könnten:

Wird ein Hausbesuch angefordert, so müssen folgende Informationen aufgeschrieben werden: Zeit des Anrufes und Name des Anrufers – Name und Alter des Patienten, Anschrift mit Angabe des Stockwerkes und Wegbeschreibung, Telefonnummer für einen Rückruf – Zustand des Patienten: Ist der Patient bettlägerig? Welche Beschwerden hat er? Bestehen Atemnot, starke Schmerzen oder Fieber? – Wird ein Besuch sofort, im Laufe des Tages, zum nächsten Tag oder zu einem späteren Zeitpunkt angefordert? *Fachkunde für Arzthelferinnen, Cornelsen Verlag, 1993, S. 311*

Anforderung für einen Hausbesuch	
Datum/Uhrzeit des Anrufs	
Name des Anrufers	
…	

② Spielen Sie mit Ihrer Nachbarin folgende Situation mit verteilten Telefonrollen:

Während Ihre Chefin abwesend ist, nehmen Sie folgenden Anruf (Ihrer Nachbarin) entgegen:

„Guten Tag, hier ist Frau Sorge aus Mainz-Gonsenheim. Unsere Tochter, die Anja, hat seit heute Morgen Fieber und der Husten hat auch zugenommen. Und außerdem hat sie so rote Flecken im Gesicht. Wir haben sie ins Bett gepackt und trauen uns nicht mit ihr in die Praxis zu kommen. Vielleicht kann die Frau Doktor mal bei uns vorbeikommen und hier nach ihr sehen?"

a) Füllen Sie die **Anforderung für einen Hausbesuch** auf Seite 25 aus – dazu müssen Sie alle fehlenden oder bisher zu ungenauen Angaben durch gezielte Nachfragen an „Frau Sorge" einholen, die sich dazu eigene genaue Antworten ausdenkt.

b) Wiederholen Sie das Rollenspiel mit vertauschten Rollen und anderen Angaben.

Eine tabellarische Telefonnotiz schreiben

Auch bei anderen wichtigen Telefonaten sollte sofort eine Telefonnotiz angefertigt werden. Hilfreich ist wiederum ein kleines selbst angefertigtes „Formular" nach Art einer Tabelle.

① Bringen Sie die folgenden durcheinander geratenen Teile eines „Formulars" für eine Telefonnotiz in eine sinnvolle Reihenfolge und tragen Sie sie in die linke Spalte der unten stehenden Tabelle ein:

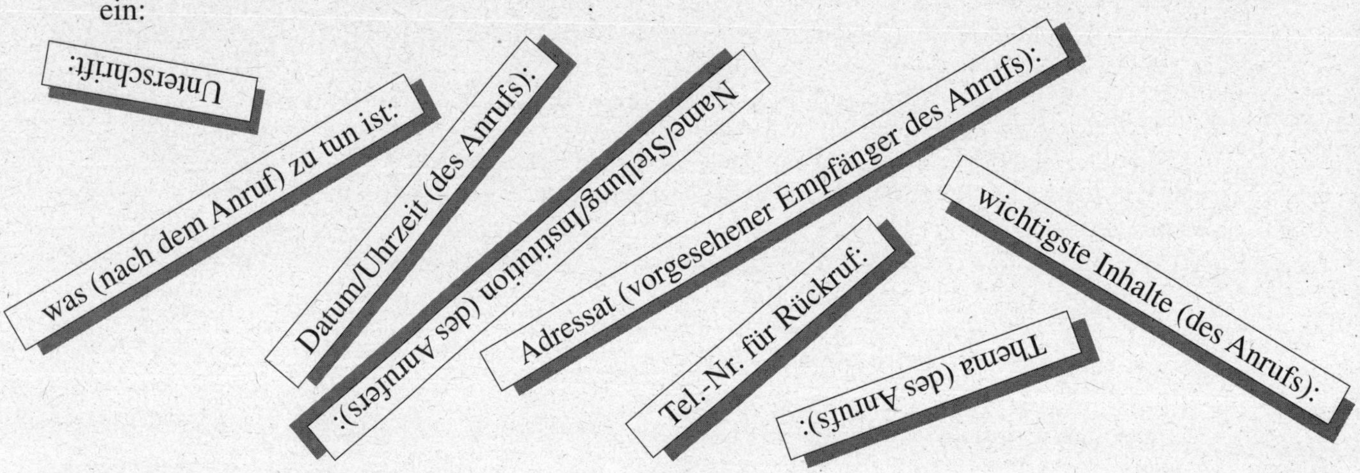

Telefonnotiz	
Datum/Uhrzeit	
…	
wichtigste Inhalte	

② Ergänzen Sie folgenden Merksatz:

M

> Wenn Ihnen während des Telefonats wichtige Angaben, die Sie für Ihre Telefonnotiz oder Ihre Hausbesuch-Anforderung benötigen, entgangen sind, so müssen Sie unbedingt höflich ______________________; sollten Sie z. B. Personen- oder Ortsnamen nicht genau verstanden haben, so müssen Sie sich diese ______________________ lassen!

③ Formulieren Sie bitte so höflich und freundlich wie möglich eine Rückfrage, mit der Sie sich den Namen Ihres Gesprächspartners wiederholen lassen:

____

____

____

④ Auch bei wichtigen Anrufen, die Sie selbst durchführen, sollten Sie eine tabellarische Telefonnotiz anfertigen um das Ergebnis des Gesprächs festzuhalten.

Ihre Chefin oder Ihr Chef bittet Sie den Außendienstmitarbeiter einer Arzneimittelfirma anzurufen, um diesem mitzuteilen, dass der für den nächsten Tag angesetzte Besprechungstermin wegen eines anderen dringenden Termins verschoben werden muss. Sie sollen einen neuen Terminvorschlag entgegennehmen und das Ergebnis des Anrufs Ihrer Chefin oder Ihrem Chef auf den Schreibtisch legen.

a) Bereiten Sie den Anruf wie in Aufgabe ④ Seite 21 vor und formulieren Sie Ihre Mitteilung in wörtlicher Rede:

____

____

____

b) Spielen Sie mit Ihrer Nachbarin das Telefonat und fertigen Sie über das Ergebnis eine tabellarische Telefonnotiz an:

Telefonnotiz	
Datum/Uhrzeit	
…	
wichtigste Inhalte	

⑤ Spielen Sie mit Ihrer Nachbarin im Wechsel ein Rollenspiel: Die eine „ruft an" und hat „eine wichtige Nachricht", die andere schreibt dazu eine vollständige Telefonnotiz in der oben entworfenen Form.

Allgemeine Regeln beim Telefonieren beachten

Sie haben jetzt schon sehr viel über das Telefonieren im Beruf gelernt. Lesen Sie zur Selbstkontrolle den folgenden Text. Unterstreichen Sie bei jedem aufgeführten Absatz die wichtigsten Wörter (höchstens drei bis vier). Prüfen Sie anschließend bei jedem Absatz, ob sein Inhalt Ihnen schon geläufig ist oder eine neue Erkenntnis bringt. Alles, was für Sie noch nicht selbstverständlich war, notieren Sie sich noch einmal:

- Ruhe bewahren. Ganz gleich, ob man selbst anruft oder angerufen wird, es bleibt immer Zeit, einmal tief durchzuatmen, bevor man den Hörer abnimmt. Eine Helferin, die aufgeregt und kurzatmig klingt, verliert gegenüber ihrem Gesprächspartner sehr viel von ihrer Selbstsicherheit, insbesondere bei schwierigen Telefonaten.
- Mit Praxisnamen, dem eigenen Namen und einem freundlichen Gruß melden.
- Den Gesprächspartner mit seinem Namen ansprechen.
- Mit einer freundlichen und gut gelaunten Stimme ein positives Gesprächsklima schaffen.
- Auch beim Telefonieren lächeln, man „hört" es.
- Bei eiligen oder aggressiven Gesprächspartnern gelassen bleiben und auf jeden Fall eigene Aggressivität vermeiden. Das nimmt den Gesprächspartnern den „Wind aus den Segeln" und sie beruhigen sich meist im Laufe des Telefonats.
- Gut zuhören.
- Bei Verständnisschwierigkeiten sofort nachfragen, damit keine Missverständnisse auftreten.
- Auch auf den Tonfall des Gesprächspartners achten. Dies hilft zu erfahren, was der Gesprächspartner wirklich meint.
- Klar und deutlich sprechen.
- Nicht ablenken lassen, sondern immer das Gesprächsziel im Auge behalten.
- Trotz allem Entgegenkommen, vor allem den Patienten gegenüber, sich nicht überreden lassen.
- Schweigepflicht beachten: keine Auskünfte, die der Schweigepflicht unterliegen.
- Wenn bei einem Telefonat Zuhörer sind (z. B. Patienten, die auf eine Terminvereinbarung warten), Themen, die der Schweigepflicht unterliegen, möglichst vermeiden oder das Telefonat auf einen separaten Telefonanschluss umstellen oder das Telefonat auf einen anderen Zeitpunkt verlegen. Geht dies nicht, so kann das Einverständnis des Betreffenden eingeholt werden, dass gesprochen werden darf.
- Gesprächsnotizen machen (so genannte Ersatzdokumentation: Name, Telefonnummer, Gesprächsgegenstand usw. notieren).
- Nicht jedes Gespräch an Ihren Chef/Ihre Chefin weiterverbinden. Vorher vereinbaren, welche Art von Gesprächen weiterverbunden werden sollen.
- Für wichtige Gespräche einen Telefontermin vereinbaren.
- Eigene Anrufe sorgfältig planen: geeignete Gesprächszeiten wählen, Gesprächsunterlagen bereitlegen.

Fachkunde für Zahnarzthelferinnen, Cornelsen Verlag, 1993, S. 52 f.

Eigene Notizen

Besprechungen im Team: Diskutieren, Argumentieren, Protokollieren

Wenn in Ihrem Praxisteam (wie in jeder anderen Gruppe) eine Entscheidung getroffen werden muss, aber verschiedene Vorschläge und Meinungen dazu bestehen, muss darüber diskutiert werden.

Die Regeln einer sachlichen Diskussion einhalten

① Sammeln Sie mindestens drei Beispiele für Fragen, die in einer Praxisbesprechung diskutiert und entschieden werden könnten, formulieren Sie dafür vollständige Fragesätze, z. B.:

a) Wer aus dem Team bringt abends den Postausgang zum Postamt?

b) Sollen zum nächsten Teamfest die Freunde (Freundinnen) und Ehemänner (-frauen) mitkommen dürfen?

c) ______________________________

d) ______________________________

e) ______________________________

② Bei einer Teambesprechung wird darüber diskutiert, wer zukünftig abends die ausgehende Post (z. B. Einschreiben, Päckchen) zum Postamt bringt. Es muss eine Entscheidung getroffen werden. Dazu werden die nachfolgenden Meinungen geäußert.

a) Kreuzen Sie jeweils an, ob Sie die Meinungsäußerung hinsichtlich einer Entscheidungsfindung für sinnvoll halten, und begründen Sie kurz Ihr Urteil:

Frau Beck:

„Ich schlage vor, dass wir uns täglich abwechseln, weil eine lästige Pflicht wie das Postwegbringen auf alle gleich verteilt werden sollte."

sinnvoll: ja ❑ nein ❑

kurze Begründung: ______________________________

Frau Hauser:

„Ich finde, das ist grundsätzlich Aufgabe der Auszubildenden, denn schließlich mussten wir das während unserer Lehrzeit früher auch machen."

sinnvoll: ja ❑ nein ❑

kurze Begründung: ______________________________

Frau Horn:
„Ihr Lehrmädchen seid sowieso viel zu aufsässig. Ich habe mich schon letzte Woche über euch geärgert. Bei allem wollt ihr mitdiskutieren. Lehrjahre sind nun mal keine Herrenjahre. Also fügt euch den Anordnungen und gebt Ruhe."

sinnvoll: ja ❑ nein ❑

kurze Begründung:

Frau Kranz:
„Meiner Meinung nach sollte die Verantwortung klar festgelegt werden und höchstens monatlich wechseln. Bei täglichem Wechsel ist die Gefahr groß, dass es jemand vergisst."

sinnvoll: ja ❑ nein ❑

kurze Begründung:

Frau Lehmann:
„In allen anderen Arztpraxen ist das so, dass das immer die Jüngsten im Team machen müssen. Wir machen das auch so."

sinnvoll: ja ❑ nein ❑

kurze Begründung:

Frau Müller:
„Also, das ist ganz klar Sache unserer Auszubildenden. Die Lehrlinge von heute drücken sich sowieso vor jeder Pflicht, wo sie nur können."

sinnvoll: ja ❑ nein ❑

kurze Begründung:

Frau Schulte:
„Wenn wir uns täglich abwechseln, wird es bestimmt vergessen, wenn diejenige, die gerade an der Reihe ist, fehlt, z. B. wegen Krankheit. Deswegen fände ich zum Beispiel einen wöchentlichen Wechsel sinnvoll."

sinnvoll: ja ❑ nein ❑

kurze Begründung:

b) Kreuzen Sie in der folgenden Tabelle an, welche dieser Meinungsäußerungen Sie als „sachlich" und welche Sie als „nicht sachlich" beurteilen:

Meinungsäußerung von	sachlich	nicht sachlich
Frau Beck		
Frau Hauser		
Frau Horn		
Frau Kranz		
Frau Lehmann		
Frau Müller		
Frau Schulte		

c) In der Tabelle haben Sie einige der Äußerungen als „nicht sachlich" beurteilt. Finden Sie mindestens sechs Wörter, mit denen man solche „nicht sachlichen" Äußerungen noch bezeichnen könnte:

Diskussionsbeiträge sind nicht sachlich, wenn sie	
1.	2.
3.	4.
5.	6.
sind!	

d) Sie sollen sich etwas genauer mit dem Wort „sachlich" beschäftigen und dazu ein wenig Grammatik zur Hilfe nehmen. Wenn Ihnen die grammatischen Grundkenntnisse, die in dieser Aufgabe benötigt werden, nicht mehr bekannt sind, müssen Sie vorher die Aufgaben im Grammatikteil ab Seite 48 lösen.

Setzen Sie die folgenden Wörter in den nachfolgenden Text ein. (Es hilft Ihnen, wenn Sie den Text zunächst als Ganzes lesen.)

Adjektiv | am sachlichsten | Artikel | Nomen | die | Eigenschaftswörter | Adjektive | Endsilbe | Sache | Nomen | grammatisches Geschlecht | Hauptwörter | weiblich | sachlicher | steigern | Sache

In dem Wort „sachlich" steckt das Wort __________. Den Wortteil „-lich" bezeichnet man als __________. Das Wort „sachlich" gehört zur Wortart der __________________ (deutsche Bezeichnung: __________________________), das Wort __________ dagegen zur Wortart der __________ (deutsche Bezeichnung: ________________). Nomen erkennt man daran, dass sie ein ____ besitzen, denn man kann ihnen einen ____________ voranstellen. Adjektive erkennt man daran, dass man sie ______________ kann. Der Artikel des Nomens „Sache" ist ______, das grammatische Geschlecht des Wortes ist also ______________. Die Steigerungsformen des Adjektivs „sachlich" sind _______________ und ____________________.

Durch Anhängen der Endsilbe „-lich" kann man also ein ______________________________ in ein ________________ umformen.

e) Um die Aussage des letzten Satzes zu verdeutlichen, tragen Sie mindestens drei Beispiele in die folgende Tabelle ein:

Nomen durch „-lich" in Adjektive umformen					
Nomen	Adjektiv	Nomen	Adjektiv	Nomen	Adjektiv

f) Ergänzen Sie den folgenden Text:

Durch Anhängen einer weiteren Endsilbe kann man aus dem Adjektiv „sachlich“ wieder ein Nomen machen, nämlich ____________________.

g) Wandeln Sie in der folgenden Tabelle das ____________________________ (Wortart!) „Verstand“ auf dieselbe Weise durch Anhängen von Endsilben zunächst in ein Adjektiv und anschließend wieder in ein Nomen um und finden Sie dafür zwei weitere Beispielwörter:

Adjektive durch „-keit“ in Nomen umformen			
Wortart:			
Beispielwort:	der Verstand		
Beispielwort:			
Beispielwort:			

③ In der vorangegangenen Aufgabe haben Sie herausgefunden, dass in den Wörtern „sachlich“ und „Sachlichkeit“ das Wort „Sache“ enthalten ist. Man spricht auch von einer „sachlichen Diskussion“ oder von einer „sachlichen Meinungsäußerung“. Um welche „Sache“ handelt es sich, wenn Sie jemanden in einem Gespräch auffordern, er solle sich um Sachlichkeit bemühen oder „sachlich bleiben“?

a) Nennen Sie möglichst viele andere Bezeichnungen für die „Sache“, um die sich ein Gespräch oder eine Diskussion dreht:

____

b) Tragen Sie ein, welche Meinungsäußerung in Aufgabe ② Seite 29 Ihrer Meinung nach die unsachlichste ist:

Die Äußerung von Frau ____________________ ist am unsachlichsten.

c) Begründen Sie Ihre Meinung und ergänzen Sie dazu den folgenden Satz:

Diese Meinungsäußerung ist unsachlich, denn mit ihr stellt die Sprecherin nicht ________________ ____________________ in den Vordergrund. Stattdessen geht es der Sprecherin darum, __________

____

____

d) Setzen Sie die Wörter

sozial | Inhalt | inhaltlich | zwischenmenschliche Beziehung

in die folgenden Sätze ein :

Dieser Sprecherin geht es also bei ihrer Meinungsäußerung nicht so sehr um den ______________, sondern sie will damit eher die ______________________________ zu ihren Gesprächspartnern gestalten. Ihre Sprache erfüllt also mehr eine ______________ als eine ____________________ Aufgabe.

e) In Aufgabe ③ c) Seite 32 haben Sie untersucht, welches soziale Ziel die Sprecherin mit ihrer unsachlichen Meinungsäußerung verfolgt.
Beschreiben Sie, welche soziale Aufgabe Diskussionsbeiträge stattdessen haben sollten:

____

____

____

____

____

④ Lesen Sie noch einmal Ihre Antworten zu den Fragen unter Aufgabe ③ Seite 32 und ergänzen Sie mit Ihren eigenen Worten den folgenden Merksatz:

M

Die wichtigste Verhaltensregel in einer Diskussion ist ______________.

Sich sachlich verhalten heißt: ______________________

____

____

⑤ Streichen Sie aus der folgenden Liste alle Verhaltensregeln, die Ihrer Meinung nach eine sachliche Diskussion stören können:

- anderen so oft wie möglich dazwischenreden
- auf die Meinung der Vorredner und Vorrednerinnen eingehen
- auf gleichberechtigten Austausch der Meinungen achten
- ausreden lassen
- bei der Äußerung anderer Meinungen sofort unterbrechen
- bereit sein die eigene Meinung in Frage zu stellen und bei guten Einwänden zu ändern
- das Diskussionsergebnis zusammenfassen (möglichst als Antwort auf die Frage, die diskutiert wurde, formulieren)
- das Thema nennen und abgrenzen (möglichst als klare Frage formulieren)
- die Gesamtzeit der Diskussion festlegen
- dieselbe Meinung immer wiederholen
- Diskussionsteilnehmer aufrufen („das Wort erteilen“)
- Erläuterungen zum Diskussionsthema geben
- für die Teilnahme und für die Fairness bedanken
- höflich bleiben auch bei Meinungsverschiedenheiten
- maximale Redezeiten für die Diskussionsbeiträge festlegen
- möglichst oft um das Wort bitten
- möglichst lange reden
- nur zum Thema reden
- sachlich sein
- seinen Ärger über andere Meinungen aussprechen
- selbst unparteiisch bleiben und die eigene Meinung zurückhalten
- sich um Verständlichkeit bemühen
- sich kurz fassen
- so laut wie möglich reden
- so viele Themen wie möglich ansprechen

- über Vertreter anderer Meinungen lachen
- über die Meinung des Vorredners oder der Vorrednerin hinweggehen
- um das Wort bitten (sich melden)
- Unterbrechungen und Zwischenrufe untersagen
- Vertreter anderer Meinungen durch Kränkungen zum Schweigen bringen
- viele Witze machen
- Wortmeldungen aufschreiben
- zu Sachlichkeit und Höflichkeit aufrufen
- zuhören
- Zwischenergebnisse zusammenfassen
- Zwischenfragen erlauben

(6) Tragen Sie in die folgende Tabelle diejenigen Verhaltensregeln aus Aufgabe (5) Seite 33 ein, die alle Diskussionsteilnehmer beachten müssen (achten Sie darauf, dass die besonderen Aufgaben der Diskussionsleiterin oder des Diskussionsleiters nicht in diese Tabelle gehören):

Diskussionsregeln

(7) Beschreiben Sie mit Ihren eigenen Worten, welche inhaltlichen und welche sozialen Aufgaben die Sprache in einer Diskussion erfüllen muss (lesen Sie dazu noch einmal Ihre Antworten zu den Fragen unter (3) Seite 32 und (4) Seite 33).

a) Inhaltliche Aufgaben der Sprache in einer Diskussion:

b) Soziale Aufgaben der Sprache in einer Diskussion:

Eine Diskussion leiten

Zu Beginn einer Diskussion in einem größeren Team sollte eine Diskussionsleiterin oder ein Diskussionsleiter bestimmt oder gewählt werden, die/der möglichst von allen Diskussionsteilnehmern akzeptiert wird.
Tragen Sie in die folgende Tabelle alle Verhaltensregeln aus Aufgabe ⑤ Seite 33 ein, die zu den besonderen Aufgaben der Diskussionsleiterin oder des Diskussionsleiters gehören:

Aufgaben der Diskussionsleitung
zu Beginn der Diskussion:
während der Diskussion:
zum Abschluss der Diskussion:

Durch Argumente überzeugen

① Sicherlich haben Sie bei der Aufgabe ⑦ a) Seite 34 als eine der inhaltlichen Aufgaben von Sprache in der Diskussion genannt: „den anderen von meiner Meinung überzeugen".

a) Beschreiben Sie kurz irgendeine Situation aus Ihrer Erinnerung, in der es Ihnen gelungen ist, einen Gesprächspartner von Ihrer Meinung zu überzeugen (in Stichworten):

____

____

____

b) Versuchen Sie mit Ihren eigenen Worten zu beschreiben, was beim „Überzeugen" im Kopf eines Gesprächspartners geschieht,

____

____

____

② Ergänzen Sie den folgenden Merksatz:

M

> Die eigene Meinung darstellen und begründen, damit sie von anderen Gesprächspartnern übernommen wird, nennt man ________________ – Begründungen für die eigene Meinung heißen also ________________.

③ Sie betreten den Personalraum Ihrer Praxis und hören gerade noch, wie Ihre Kollegin Frau Müller sagt: „Die neue Auszubildende will abends immer so schnell wie möglich nach Hause!" Einen Tag später sagt Ihre Kollegin Frau Lehmann zu Ihnen: „Ich bin dafür, dass Sie abends noch die Post mitnehmen!"
Wie reagieren Sie jeweils? Vervollständigen Sie die folgenden Sätze (suchen Sie dazu Wörter, die genauer sind als das Wort „Meinung"):

a) zu Frau Müller: „Bitte begründen Sie einmal Ihre B____________________!"

b) zu Frau Lehmann: „Bitte begründen Sie einmal Ihren V____________________!"

④ Ergänzen Sie den folgenden Merksatz (verwenden Sie dazu Ihre vorigen beiden Antworten):

M

> Argumentieren muss man können um andere Menschen von seinen eigenen ________________ oder ________________ zu überzeugen.

⑤ Wählen Sie zwei unterschiedliche Markierungen (Farben oder Unterstreichungsarten) für Meinungen (also Vorschläge oder Behauptungen) und Begründungen:

	Markierung:
Meinung:	
Begründung:	

Gehen Sie nun zurück zur Aufgabe ② Seite 29 und unterscheiden Sie mit diesen Markierungen bei jeder Meinungsäußerung genau zwischen Meinung und Begründung.

⑥ Sicherlich ist Ihnen bei der vorigen Aufgabe aufgefallen, dass in den Meinungsäußerungen mancher Kolleginnen erst die Begründung und dann der Vorschlag genannt wird.

a) Nennen Sie die drei Äußerungen, bei denen dies der Fall ist:

- Äußerung von Frau ____________________
- Äußerung von Frau ____________________
- Äußerung von Frau ____________________

b) Ergänzen Sie den folgenden Merksatz:

M

> Eine Argumentation, bei der zuerst die Begründung genannt wird und dann die Behauptung oder der Vorschlag folgt, heißt deswegen F____________ (oder auch Schlussf____________), diese Art des Argumentierens nennt man entsprechend f____________.

⑦ In mindestens drei der Meinungsäußerungen aus Aufgabe ② Seite 29 gibt es jeweils ein Wort, aus dem eindeutig hervorgeht, was Begründung und was Meinung ist.

Suchen Sie diese Äußerungen heraus und vervollständigen Sie die folgenden Sätze, indem Sie die fehlenden Wörter und Nummern einsetzen und die falschen Wörter durchstreichen:

Mit dem Wort ______ in der Äußerung von Frau _______ wird eine Folgerung/Begründung eingeleitet.

Mit dem Wort ______ in der Äußerung von Frau _______ wird eine Folgerung/Begründung eingeleitet.

Mit dem Wort ______ in der Äußerung von Frau _______ wird eine Folgerung/Begründung eingeleitet.

Mit dem Wort ______ in der Äußerung von Frau _______ wird eine Folgerung/Begründung eingeleitet.

⑧ Betrachten Sie sich nun die Äußerungen von Frau Kranz und Frau Lehmann aus Aufgabe ② Seite 29/30, hier leicht gekürzt, noch einmal genauer:

Frau Kranz: „Die Verantwortung sollte monatlich wechseln. Bei täglichem Wechsel wird der Postgang leicht vergessen."

Frau Lehmann: „Überall machen die Jüngsten den Postgang. Wir machen das auch so."

a) Verbinden Sie die beiden Sätze von Frau Kranz zu einem Satz. Fügen Sie dazu ein Wort zwischen beide Sätze ein, das deutlich macht, was Vorschlag und was Begründung ist. Sie finden solche Wörter in Aufgabe ⑦ Seite 37. Schreiben Sie diesen neuen Satz auf:

Frau Kranz: ______________________________

____

____

b) Erfüllen Sie dieselbe Aufgabe für die beiden Sätze von Frau Lehmann. Fügen Sie wieder ein Wort ein, das den Zusammenhang von Begründung und Folgerung eindeutig macht. Auch hierfür finden Sie Beispiele in Aufgabe ⑦ Seite 37:

Frau Lehmann: ______________________________

____

____

⑨ Sie haben in den beiden vorausgegangenen Aufgaben jeweils zwei Sätze durch ein Wort miteinander verbunden.

a) Ergänzen Sie den folgenden Merksatz:

M

> Wörter, mit denen sich Sätze oder Satzteile miteinander ver__________ lassen, nennt man deswegen auch B__________________ (Fachausdruck: Konjunktionen).

b) Sammeln Sie so viele Konjunktionen (Bindewörter) wie möglich, die sich in die Äußerungen von Frau Kranz (Aufgabe ⑧ a) und Frau Lehmann (Aufgabe ⑧ b) einsetzen lassen. Tragen Sie diese Wörter in die folgende Tabelle ein und kreuzen Sie dazu die richtige Spalte an:

Konjunktionen für Begründungen und Folgerungen		
Die Konjunktion	leitet ein:	
	eine Begründung	eine Folgerung

c) Betrachten Sie noch einmal die von Ihnen verdeutlichte Meinungsäußerung von Frau Kranz (Aufgabe ⑧ a) Seite 38). Kann man diesen Satz so umstellen, dass am Satzanfang die Begründung steht, ohne die Konjunktion zu wechseln? Versuchen Sie es:

____

____

____

⑩ Setzen Sie die Wörter

deswegen | deutlicher | Konjunktionen | argumentieren | Bindewörter | oft | Sätzen | überzeugen | weil

in den nachfolgenden Merksatz ein (achten Sie auf die richtige Groß- und Kleinschreibung im Satzzusammenhang):

> ________ durch ________________ (Fachausdruck: ________________)
> der gedankliche Zusammenhang zwischen ____________ oder Satzteilen häufig
> ____________ wird, helfen sie beim ______________ und ________
> __________ . ____________ sollten sie beim Diskutieren möglichst ________
> verwendet werden.

(Kontrollieren Sie sich: Von den eingesetzten Wörtern mussten vier weitere einen großen Anfangsbuchstaben erhalten. – Haben Sie's richtig gemacht?)

⑪ In einer der Meinungsäußerungen in Aufgabe ② Seite 29/30 wird ganz deutlich, dass die „Begründung" für einen Vorschlag selbst nur wieder eine Behauptung ist.

a) In welcher Äußerung ist das der Fall?

In der Äußerung von Frau ______________________________.

b) Stellen Sie sich vor, eine andere Kollegin erwidert auf diese Meinungsäußerung: „Frau …, ich finde es nicht gut, dass Sie nur Behauptungen aufstellen!"

Was will diese Kollegin damit sagen? Geben Sie die Erwiderung mit Ihren eigenen Worten wieder (ziehen Sie dabei die Merksätze auf den Seiten 33 und 36 zu Rate und ergänzen Sie den folgenden Satz):

Frau Müller, ich finde es nicht gut, dass Sie Ihre Meinung ______________________________

____.

c) Ergänzen Sie folgenden Merksatz:

M

> Behauptungen, die man nicht begründen kann, nennt man ______________
> ____________. Sie sind ________________________ Argumente!

d) Was würden Sie von einem Diskussionspartner fordern, der seine Meinung nur mit einer Behauptung oder sogar mit einem Vorurteil „begründet“? Richten Sie sich dazu bitte an Frau Müller und formulieren Sie in wörtlicher Rede (achten Sie auf eine möglichst höfliche Formulierung):

____

____

____

____

____

____

⑫ Entscheiden Sie bei den folgenden Arten von Argumenten, ob Sie sich in einer sachlichen Diskussion von ihnen überzeugen lassen würden, und kreuzen Sie in der Tabelle die entsprechende Spalte an. Wenn Sie noch weitere Arten von Argumenten finden, nehmen Sie sie in die Tabelle auf:

Gute und schlechte Argumente		
Begründung durch:	überzeugt	überzeugt nicht
Aussagen von Fachleuten		
Sprichwort		
typisches Beispiel		
eigene genaue Beobachtung		
Fachbuch		
BILD-Zeitung		
Gesetzestext		
untypischer Einzelfall		
allgemein bekannte Tatsache		
Redensart		
Vertragstext		
Fachzeitschrift		
Vorurteil		

⑬ Schriftliche oder mündliche Aussagen von anderen Menschen, mit denen man seine eigenen Behauptungen oder Folgerungen begründen kann, werden als Informationsquellen oder einfach als Quellen bezeichnet.

a) Sie werden in einer Diskussion aufgefordert: „Bitte nennen Sie doch einmal die Quellen für Ihre Behauptung!“ Was will Ihre Diskussionspartnerin damit sagen? Formulieren Sie die Aufforderung mit anderen Worten, indem Sie das Wort „Quelle“ dabei vermeiden (achten Sie auf eine höfliche Formulierung):

b) Bei einer Teamdiskussion über die Ansteckungsgefahr bei AIDS-infizierten Patienten äußert Ihre Kollegin Frau Ungenau: „Soviel ich weiß, kann HIV durch Tröpfcheninfektion übertragen werden. Ich trage deswegen beim Umgang mit Patienten jetzt grundsätzlich nur noch einen Mund-Nasen-Schutz, damit ich nicht durch Anhusten angesteckt werden kann.“
Sammeln Sie in der folgenden Tabelle möglichst viele Quellen, aus denen man sich über diese Frage zuverlässig informieren kann:

Zuverlässige Informationsquellen	
1.	6.
2.	7.
3.	8.
4.	9.
5.	10.

c) Informieren Sie sich in verschiedenen Quellen über die Infektionswege und das Infektionsrisiko des HIV.
(Wissen Sie noch, wie Sie in einem Fachbuch schnell Informationen zu einem bestimmten Thema finden? Wenn nicht, wiederholen Sie zunächst Aufgabe ② b) Seite 10.)

d) Entwerfen Sie einen Diskussionsbeitrag, in dem Sie auf die Äußerung von Frau Ungenau in Aufgabe ⑬ b) eingehen.
(Berücksichtigen Sie dabei, dass es andere Gründe gibt beim Umgang mit AIDS-Patienten einen Mund-Nasen-Schutz zu tragen.)
Begründen Sie Ihren Beitrag und berufen Sie sich dabei auf eine zuverlässige schriftliche Quelle aus der vorangegangenen Aufgabe.

Formulieren Sie in wörtlicher Rede:

⑭ Eine übersichtliche Gliederung Ihres Diskussionsbeitrages ist besonders hilfreich bei
- einer Diskussion mit vielen Teilnehmern,
- einer Diskussion zu einem schwierigen Thema,
- einem längeren Diskussionsbeitrag.

a) Ergänzen Sie die folgenden Merksätze:

M Mit einem Einleitungssatz sagen Sie, auf welchen Teil der Diskussion oder auf welchen Diskussionsbeitrag Sie sich beziehen wollen. Diesen Teil Ihrer Äußerung nennt man daher auch den B________________.

M Mit einem Schlusssatz fassen Sie noch einmal Ihre Behauptung, Ihren Vorschlag oder Ihre Meinung ganz kurz zusammen. Dieser Teil Ihrer Äußerung heißt entsprechend Z________________.

b) Die folgenden Textstücke sind leider aus der nebenstehenden Tabelle herausgefallen und durcheinander geraten:

den anderen Diskussionspartnern deutlich zu machen, wozu genau ich etwas sagen will.

„Deswegen möchte ich abschließend noch einmal betonen, dass …“

den anderen Diskussionspartnern noch einmal meine Meinung in Erinnerung zu rufen.

„Daher bin ich eben zu dem Ergebnis gekommen, dass …“

„Ich möchte mich auf die Äußerung von Frau Ungenau beziehen, die gesagt hat …“

„Ich will mich jetzt zu der Frage äußern, ob …“

„Ich möchte auch noch etwas zu dem Problem sagen, dass …“

„Zusammenfassend wiederhole ich meine Meinung, dass …“

Setzen Sie die Textstücke wieder in die Tabelle ein (Sie können die Tabelle auch mit eigenen Vorschlägen ergänzen):

Bezug und Zusammenfassung eines Diskussionsbeitrages		
	dient dazu,	Mögliche Formulierungen dafür sind:
Der Bezug		
Die Zusammenfassung		

c) Tragen Sie die folgenden Teile eines gegliederten Diskussionsbeitrages in einer sinnvollen Reihenfolge in die nachstehende Tabelle ein. (Wenn Sie sich nicht mehr sicher sind, schauen Sie sich die vorangegangenen fünf Aufgaben noch einmal an.)

Quelle – Behauptung/Vorschlag/Meinung – Bezug – Zusammenfassung – Begründung

Aufbau eines gegliederten Diskussionsbeitrages
1.
2.
3.
4.
5.

⑮ Erweitern Sie nun Ihre Erwiderung auf Frau Ungenau aus Aufgabe ⑬ d) Seite 41 zu einem ausführlich gegliederten Diskussionsbeitrag:

Eine Diskussion führen

Führen Sie in Ihrer Klasse eine Diskussion:

- Wählen Sie durch Abstimmung ein Thema, das die Klasse interessiert.
- Formulieren Sie das Thema als Frage und schreiben Sie diese an die Tafel.
- Wählen Sie eine Diskussionsleiterin.
- Achten Sie gegenseitig auf übersichtlich aufgebaute Diskussionsbeiträge (Bindewörter, Gliederung!) – teilen Sie sich sofort mit, wenn Sie die Argumente Ihrer Diskussionspartnerinnen nicht verstehen.
- Kontrollieren Sie sich während der Diskussion gegenseitig, ob alle die Diskussionsregeln einhalten.
- Kontrollieren Sie auch die Diskussionsleiterin, ob sie ihre Aufgabe korrekt erfüllt.
- Wenn Ihnen beim Kontrollieren etwas auffällt, unterbrechen Sie sofort die eigentliche Diskussion durch Heben beider Hände.
- Führen Sie nun zunächst eine sachliche „Diskussion über die Diskussion“, bei der Sie auch wieder alle Diskussionsregeln berücksichtigen.
- Kehren Sie erst dann wieder zum eigentlichen Diskussionsthema zurück.

Ein Besprechungsprotokoll schreiben

Die Teambesprechung zum Thema „Postgang“ ist beendet. Das Ergebnis der Besprechung soll am schwarzen Brett im Personalraum ausgehängt werden.

Ergebnisse von Besprechungen im Team oder mit Geschäftspartnern werden in Form eines gegliederten Besprechungsprotokolls festgehalten.

① Sie haben bereits andere Textformen kennen gelernt, in denen Sie Gespräche festhalten.

a) Nennen Sie diese Textformen (wenn Sie sich nicht erinnern, schlagen Sie in den Aufgaben ① Seite 25 und ① Seite 26 nach):

1. ______________________________

2. ______________________________

b) Nennen Sie diejenigen Abschnitte aus diesen Textformen, die auch in ein Besprechungsprotokoll gehören:

____

____

____

② Die folgenden Abschnitte eines Besprechungsprotokolls sind leider durcheinander geraten. Tragen Sie sie in einer sinnvollen Reihenfolge in die nachstehende Tabelle ein:

Datum

Unterschrift (der Protokollantin/des Protokollanten)

Besprechungsthema

Beginn und Ende (Uhrzeit)

Besprechungsteilnehmer

Besprechungsergebnisse

Protokollführung (Name der Protokollantin/des Protokollanten)

Aufbau eines Besprechungsprotokolls
1.
2.
3.
4.
5.
6.
7.

③ In manchen Diskussionen werden Ergebnisse erst nach einer Abstimmung erzielt. Ein solches Ergebnis bezeichnet man als Beschluss. Besprechungsprotokolle, in denen ein Abstimmungsergebnis protokolliert wird, heißen daher auch Beschlussprotokolle.

a) Erläutern Sie, was es heißt, wenn in einem Beschlussprotokoll das Abstimmungsergebnis *4:2:1* protokolliert wird:

Die erste Zahl bedeutet die Anzahl der ____.

Die zweite Zahl bedeutet die Anzahl der ____.

Die dritte Zahl bedeutet die Anzahl der ____.

b) Geben Sie an, in welchem Abschnitt eines gegliederten Besprechungsprotokolls ein Beschluss protokolliert werden muss:

Ein Beschluss gehört zu dem Abschnitt __________________________ eines Besprechungsprotokolls.

④ Wichtige Besprechungsprotokolle sollten zusätzlich vom Vorgesetzten und/oder von der Diskussionsleiterin unterschrieben werden.

Nennen Sie den Abschnitt eines gegliederten Besprechungsprotokolls, in den diese zusätzliche Unterschrift gehört: ______________________

⑤ Schreiben Sie auf einem neuen Blatt in Ihrem Schulhefter ein gegliedertes Besprechungsprotokoll zu der Diskussion über den Postgang:

- ▶ Setzen Sie über den Text die Überschrift „Besprechungsprotokoll".
- ▶ Setzen Sie über jeden Abschnitt des Protokolls die entsprechende Zwischenüberschrift aus der Tabelle in Aufgabe ② Seite 45.
- ▶ Setzen Sie ein beliebiges Datum und eine beliebige Uhrzeit ein.
- ▶ Denken Sie sich ein Besprechungsergebnis aus, wie es Ihnen am besten gefallen würde (es kann auch ein scherzhaftes Ergebnis sein).
- ▶ Protokollieren Sie im Abschnitt „Ergebnisse" einen entsprechenden Beschluss, der durch Abstimmung zu Stande gekommen ist (suchen Sie sich für das Abstimmungsergebnis Zahlen aus, die zu den Meinungsäußerungen passen könnten).

⑥ Ergänzen Sie den folgenden Merksatz:

M

Ein __________________________ verfasstes Besprechungsprotokoll ist häufig die Voraussetzung dafür, dass alle Beschlüsse auch wirklich ________________________________ werden.

D Beherrschung von Sprachregeln

Warum müssen Sprachregeln eingehalten werden?

Dr. Flieger erhält von einem japanischen Kollegen einen Begleitbrief zu einem in Englisch verfassten Arztbericht. Der Begleitbrief ist in japanischer Sprache und Dr. Flieger kann ihn nicht lesen. Sein Freund besitzt jedoch ein Computer-Übersetzungsprogramm und bietet ihm an, das Schreiben durch die Maschine übersetzen zu lassen.
Leider funktioniert die Übertragung nur über die englische Sprache als Zwischenschritt.

Lieber Doktor,

unser Patient Klaus Brimm geboren 570213 hatte einen Zufall wenn er sprang in das Becken von das Hotel obwohl da war kein Wasser drin. Er sagt das nur konnte passieren weil er leidet Achromatopsie und konnte nicht sehen die rote Flagge. Der Fall verursachte einen Bruch die Spina ohne einige Paralyse. Nach sechs Wochen Pflaster Bett er jetzt kann zurückkehren aber ist noch zu sein überwacht in Rehabilitation. Wir hinzufügten die gewöhnliche Röntgenbilder und Laborreports.
Hochachtungsvoll
Dr. Weiping

① Welchen Eindruck macht dieses Schreiben auf Sie? (Können Sie es lesen wie einen korrekten Text? Welche Passagen bereiten besondere Verständnisschwierigkeiten?)

a) Übertragen Sie den Text in korrektes Deutsch.

b) Beschreiben Sie die Wirkung des korrekten Textes im Unterschied zu dem Computertext. Berücksichtigen Sie auch die Anrede- und Schlussformeln.

c) Benennen Sie möglichst genau die unterschiedlichen Fehler der Computerübersetzung.

d) Formulieren Sie einen Merksatz als Antwort auf die Frage nach dem Sinn von Sprachregeln.

M

P. Falk / J. Liedgens A 916 26.11.07

Was heißt „Grammatik"?

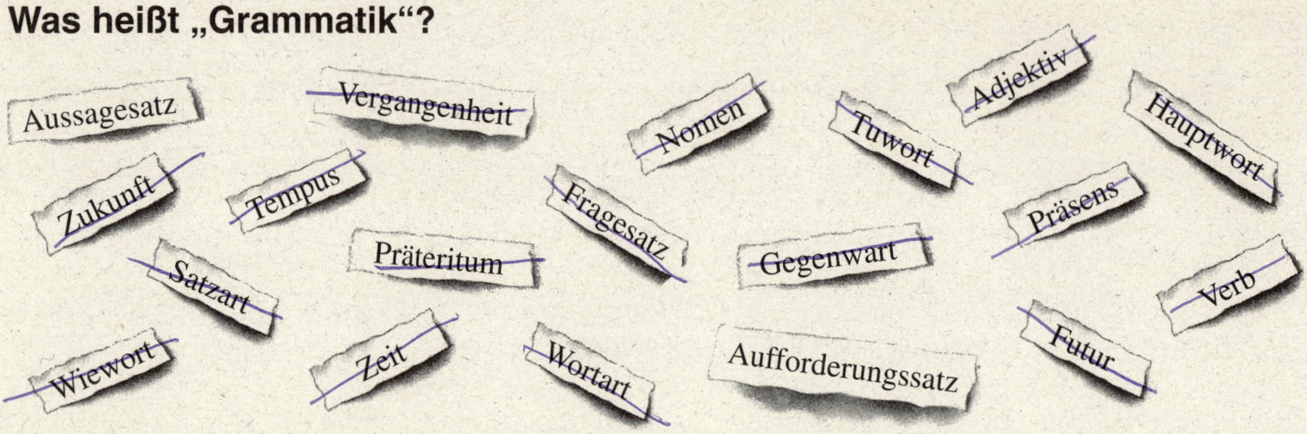

① Ordnen Sie die Begriffe in folgende Tabelle:

Wortart	Nomen/Hauptwort
	Verb / Tuwort
	Adjektiv / Wiewort
Satzart	Fragesatz, Aussagesatz, Aufforderungssatz
Zeit / Tempus	
	Futur / Zukunft
	Präsens / Gegenwart
	Präteritum /Vergangenheit

② Schreiben Sie aus folgenden Wörtern einen Text:

a) Unfall, Autobahn, Frau, Mann, Kind, Feuerwehr, Krankenwagen, Transport, Kollaps, Schock, Schnittwunden, Gesicht, Fahrbahn, verletzen, aufbrechen, erleiden, anschnallen, geschehen, räumen, grün, blau, glatt, winterlich, unverletzt, frei

b) Tauschen Sie mit Ihren Klassenkameradinnen die Texte und stellen Sie Unterschiede zu Ihrem eigenen Text fest.

c) Erklären Sie, warum eine gleiche Ausgangsbasis an Wörtern unterschiedliche Texte ermöglicht.

③ Stellen Sie Ihre Vorstellungen von Grammatik dar.

zu 2.)

a) Schlagen Sie in einem Lexikon den Begriff Grammatik nach.

b) Wie unterscheiden sich Ihre ursprüngliche Auffassung und die des Lexikons?

Verwendung eines Wörterbuchs

① Schlagen Sie im Duden oder einem anderen Wörterbuch die unten genannten Begriffe nach. Notieren Sie, zwischen welchen Wörtern Sie das Suchwort gefunden haben.

klagen: Klagemauer ; Klagenfurt
Beschwerden: Beschwer ; Beschwerdebuch
Schmerz : Schmerling ; schmerzarm
pathologisch: Pathologie ; Pathophobie
vegetativ : vegetationspunkt ; vegetieren
-jährig : Jahrhundertfeier ; jährlich
über : üben ; überfalle
üblich : ubiquitär ; üblicherweise
äußern : außerordentlich ; außermittig
hinfällig : hinfallen ; hinfinden
ödematös : Ödem ; öden

② Formulieren Sie eine Regel, nach der das von Ihnen verwendete Nachschlagewerk die Umlaute (ä, ö, ü) einordnet.

③ Schreiben Sie den folgenden Text in korrekter Groß- und Kleinschreibung in Ihr Heft. Wenn Sie unsicher sind, schlagen Sie im Wörterbuch nach.

DER 53-JÄHRIGE PATIENT KLAGT ÜBER BESCHWERDEN IM BRUSTBEREICH UND STRAHLENDE SCHMERZEN IM OBERARM RECHTS. EIN SOFORT VORGENOMMENES EKG ERGAB KEINEN PATHOLOGISCHEN BEFUND. DIE ÜBLICHEN LABORWERTE SIND UNAUFFÄLLIG. DIE IN FRÜHEREN JAHREN ZUWEILEN ÖDEMATÖSEN SCHWELLUNGEN DER BEINE SIND NACH AUSSAGE DES PATIENTEN UND AUGENSCHEIN DES ARZTES IM LETZTEN HALBEN JAHR NICHT MEHR BEOBACHTET WORDEN. WEITERE INTERNISTISCHE UNTERSUCHUNGEN DURCH DEN KOLLEGEN DR. LEBER RESULTIERTEN IN DER DIAGNOSE VEGETATIVE DYSTONIE.
DER JÜNGER WIRKENDE MANN ÄUSSERTE, DASS ER SEIT VIER JAHREN ARBEITSLOS SEI UND DARÜBER HINAUS SEINE HINFÄLLIGEN ELTERN ZU VERSORGEN HABE, SEINE EHEFRAU REICHTE DIE SCHEIDUNG EIN. DIES LEGT DEN SCHLUSS NAHE, DASS EIN PSYCHOSOMATISCHES LEIDEN VORLIEGT. UM EINEN WEITEREN PATHOLOGISCHEN BEFUND AUSZUSCHLIESSEN SCHLAGE ICH EINE ORTHOPÄDISCHE UNTERSUCHUNG VOR.

Der Regelapparat des Dudens

① Im Duden finden Sie bei den Stichwörtern zuweilen einen senkrechten Pfeil und eine Ziffer, die auf den Regelapparat hinweisen.

a) Schlagen Sie die Begriffe „Mullläppchen“, „…stöckig“, „etwas Derartiges“ nach und überprüfen Sie die Regeln.

b) Versuchen Sie herauszufinden, warum der Duden bei dem doch eindeutigen Stichwort „Wachau“ auf die Regel 132 verweist.

② Dieser Regelapparat bezieht sich jedoch nicht nur auf die Rechtschreibregeln. In alphabetischer Reihenfolge, ohne Rücksicht auf das Sachgebiet, werden noch andere Bereiche in Regeln dargestellt.

a) Finden Sie heraus, um welche Gebiete es sich handelt.

---

b) Nennen Sie die Regelnummern für den Gebrauch des Anführungszeichens beim Zitat im Zitat (d. i. Anführung innerhalb einer Anführung), Ziffern, Worttrennungen.

③ Versuchen Sie die unterstrichenen Wörter und Satzelemente durch „dabei“ zu ersetzen. Benutzen Sie Ihr Wörterbuch um die korrekte Getrennt- und Zusammenschreibung herauszufinden.

Anschlag am schwarzen Brett einer Berufsschule:

Liebe Kolleginnen und Kollegen,
ihr habt einen schönen aber anstrengenden Beruf gewählt. Damit ihr länger bei dieser Tätigkeit bleiben könnt, solltet ihr etwas für euch tun. Wir wollen die Volleyball-AG weiterführen und brauchen jede Menge neue Spieler. Die anderen, die schon länger mitspielen, freuen sich schon darauf, wieder zwei komplette Mannschaften aufstellen zu können.
Es bleibt also bei dieser Verabredung: Dienstag 18.00 Uhr in der Sporthalle 1.
(Jeder sollte – ihr kennt den Hausmeister – Hallenturnschuhe bei sich haben.)
Die Volleyballer

Die medizinische Fachsprache

Betonung und Schreibweise medizinischer Fachbegriffe werden aus den zu Grunde liegenden meist lateinischen und griechischen Wortelementen bestimmt. Die Silbengrenzen dieser Sprachen stimmen häufig nicht mit den deutschen überein: In der bisher gültigen alten Rechtschreibregel wird z. B. *Monarch* folgendermaßen getrennt: *Mon-arch* (vgl. Duden, 20. Aufl., 1991, S. 484). Diese Silbentrennung berücksichtigt die griechischen Wortelemente *mónos – allein, einzig* und *árchein – der Erste sein, herrschen*. Die Betonung liegt, für das Deutsche ungewöhnlich, auf der zweiten Silbe. (Die neuen Regeln zur Rechtschreibung gestatten auch die dem Deutschen angelehnte Variante zur Silbentrennung *Mo-narch.*)

① Versuchen Sie mit Hilfe des Fachwörterbuchs die Aussprache folgender Fachbegriffe herauszufinden.
Hämatom, Hämatozoon, Hämaturie, Hämorrhoide, Enteritis, Dermographismus, Epikondylitis, Ossifikation, Radix, Stomatologie

② Erfragen Sie die Fachbegriffe

a) für Blinddarmentzündung, Hirnhautentzündung, Leberentzündung, Lungenentzündung, Leberschrumpfung, entzündliche Abnutzungserscheinungen der Gelenke, Durchfall, Bluterguss, Zahnfleischschwund, Krebs, Zahnfleischentzündung.

b) Schlagen Sie die entsprechenden Wörter in Ihrem Fachwörterbuch nach und schreiben Sie sie auf.

③ Welche Wortbildungselemente fallen bei den genannten Beispielen auf?

a) Listen Sie die Elemente auf und nennen Sie eine mögliche Bedeutung.
Versuchen Sie diese Bedeutung mit Hilfe Ihres Fachwörterbuches zu bestätigen oder zu korrigieren.

b) Versuchen Sie mit Hilfe der von Ihnen gefundenen fachsprachlichen Elemente die Bezeichnungen für folgende Erkrankungen zu bilden:

Netzhautentzündung (Retin-, ursprüngl. lat. retina – Netzhaut) ____________________

Magenentzündung (Gastr-, ursprüngl. griech. gaster – Bauch, Unterleib, Magen) ____________________

Hautentzündung (Dermat-, ursprüngl. griech. derma – Haut) ____________________

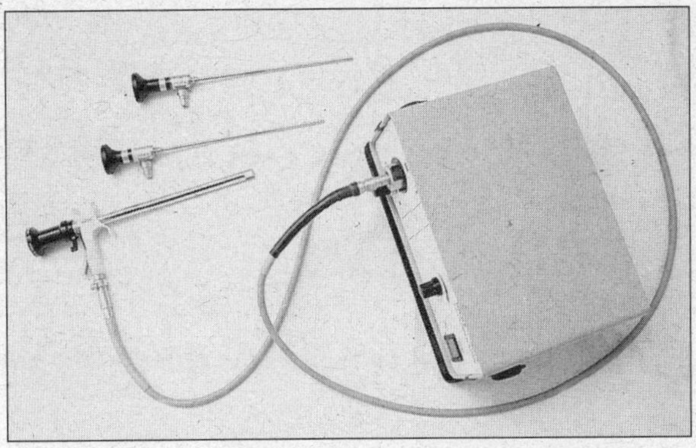

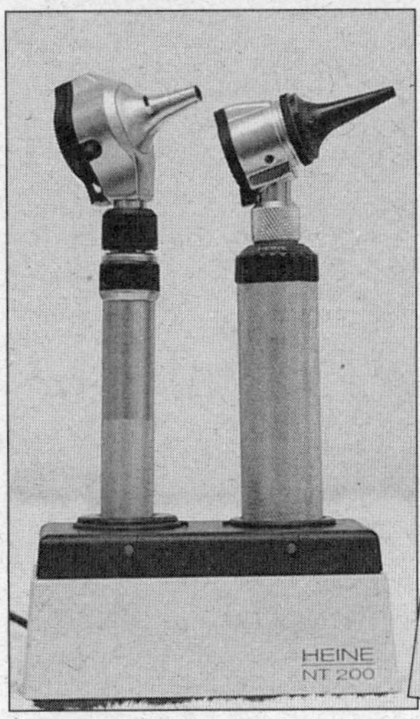

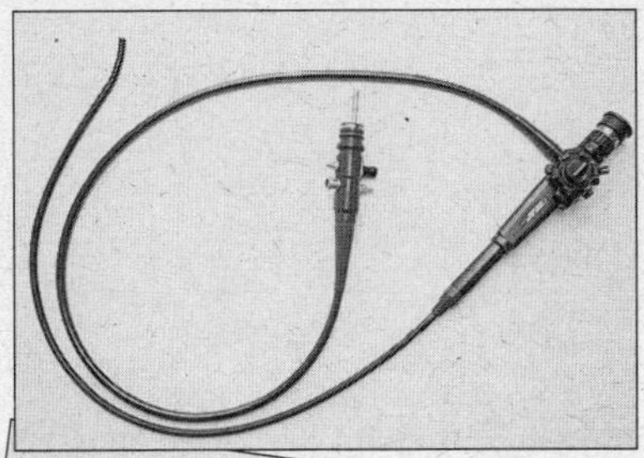

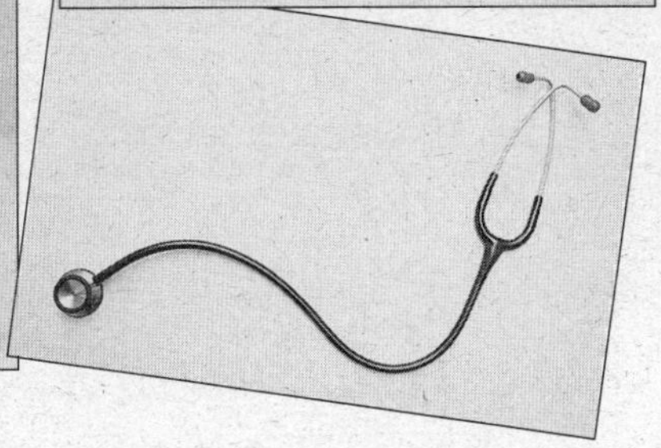

c) Ordnen Sie die richtigen Begriffe den Abbildungen zu.
Stethoskop, Gastroskop, Laryngoskop, Otoskop
Schauen Sie sich, wenn möglich, die Geräte in der Praxis an und lassen Sie sich die Funktion in groben Zügen erklären.

Das Wortelement -skop stammt aus dem Griechischen (skopein) für sehen. Die anderen Wortelemente lassen sich aus dem Anwendungsbereich der Geräte erklären. Nennen Sie eine mögliche deutsche Übersetzung für die Geräte.

____

____

Häufige Rechtschreibprobleme

Schärfung

Nach einem betonten kurzen Vokal (Selbstlaut) schreibt man meist zwei verschiedene Konsonanten (Mitlaute): Kerne, trinken, Dinge usw. Folgt dem Vokal nur ein Konsonant, wird der meistens verdoppelt: Mull, Bett, Matte, Nässe, hoffen.

① Finden Sie je ein Wort, in dem die Konsonantenverdoppelung durch betonten kurzen Vokal deutlich wird:

ff ____________ ll ____________ mm ____________

nn ____________ pp ____________ ss ____________

tt ____________

② Finden Sie die 10 versteckten Wörter mit zwei Konsonanten nach kurzem Vokal.

A	O	U	B	R	Q	L	C	P	D	S	T	E	M	F	G	H
F	E	V	F	A	L	L	E	O	W	N	X	Y	M	L	E	F
G	Z	N	U	L	M	J	K	Z	A	B	E	G	E	H	K	H
T	T	E	B	K	D	A	C	K	E	L	G	T	N	G	K	J
H	E	D	R	J	V	I	W	E	V	X	W	A	Y	Z	I	A
B	A	S	T	C	T	Z	E	Z	D	U	E	S	O	H	F	G
H	S	C	P	S	D	U	E	T	T	I	T	S	G	J	K	K
B	Z	Y	X	I	H	Y	I	A	T	L	S	E	R	P	M	Q
A	N	F	R	A	C	K	F	K	E	F	E	L	L	A	H	P
O	I	G	K	R	X	H	L	A	M	P	E	X	D	Y	Z	O
P	Q	V	R	O	S	T	E	D	V	W	C	I	K	Q	I	N
W	K	H	R	A	M	M	E	N	I	C	L	K	P	R	L	G
J	P	N	J	U	M	T	H	O	S	M	B	S	M	G	N	A

1. ______________________ 6. ______________________

2. ______________________ 7. ______________________

3. ______________________ 8. ______________________

4. ______________________ 9. ______________________

5. ______________________ 10. ______________________

③ Wenn in einem zusammengesetzten Wort ein Doppelkonsonant auf denselben Buchstaben stößt, so bleiben alle drei erhalten. Beispiele: Betttuch, Mullläppchen.
Setzen Sie folgende Begriffe zu einem Nomen zusammen:

Flasche mit Sauerstoff, Farbe des Stoffes, brennende Nessel, Plakat aus Pappe

R

> Nach einem betonten kurzen Vokal (Selbstlaut) werden k und z zu ck und tz.
> Hecke, Schnecke, Hacke, wecken, stecken, kleckern, Hitze, schwitzen, sitzen, Glatze

④ Finden Sie zur oben stehenden Regel selbst je drei Beispiele.

s-Laute

Nach kurzem betontem Vokal (Selbstlaut: a, e, i, o, u, ä, ö, ü) wird der stimmlose s-Laut verdoppelt: küssen, der Kuss, passen, der Pass, hassen, der Hass

R

① Bilden Sie nach dieser Regel aus den dort aufgeführten Verben die 3. Person Singular (Einzahl) im Präsens (Gegenwart).

Ausnahmen:
Wörter auf -nis, -as, -is, -os, -us werden oft mit einfachem s geschrieben, im Plural (Mehrzahl) jedoch mit ss: das Zeugnis, die Zeugnisse; der Atlas, die Atlasse; der Iltis, die Iltisse; der Albatros, die Albatrosse; der Bus, die Busse

Nach einem betonten langen Vokal oder nach einem Diphthong (Doppellaute: ai, au, äu, ei, eu) wird der stimmlose s-Laut oft ß geschrieben: grüßen, der Gruß, fließen, das Floß, fleißig, beißen, heißen, sich äußern.

R

② Bilden Sie nach dieser Regel aus den dort aufgeführten Verben die 3. Person Singular (Einzahl) im Präsens (Gegenwart).

Ausnahmen: aus, das Gras, das Los, der Schmaus, das Verlies, das Gleis, das Mus, der Reis

③ Kennzeichnen Sie den betonten kurzen Vokal und die folgende s-Laut-Schreibung rot sowie den betonten langen Vokal oder Diphthong und die dort folgende s-Laut-Schreibung blau.

wissen, du musst, entreißen, blass, sie grüßt, das Wasser, er genoss, gießen, es passt, am größten, hässlich, der Fleiß, der Biss, groß, der Schluss, er lässt, der Fluss, der Fraß, sie riss, das Maß

Ordnen Sie die Wörter in die Tabelle ein.

Schreibung: ss	Schreibung: ß

④ Versuchen Sie die Verben aus der Tabelle auf ihren Infinitiv (Grundform) zurückzuführen.

Beispiel:	du musst	Infinitiv	Schreibung: ss	müssen
	er genoss		Schreibung: ß	genießen

Betonte s-Laute im Wortinnern (nach langem Vokal oder Diphthong) werden mit einfachem s geschrieben.

lesen, der Hase, weisen, kreisen, der Rasen

Folgen allerdings die Konsonanten (Mitlaute) p, k, t im Wortstamm, tritt zwar eine Kürzung des Vokals ein, es wird jedoch einfaches s geschrieben.

die Knospe, lispeln, die Rispe, knusprig
fast, fasten, die Lust, der Frust
die Maske, der Muskel, die Floskel

Vorsicht: Bei der Schreibung von Fremdwörtern gelten diese Regeln normalerweise nicht (vgl. Zirkus). Schlagen Sie, wenn Sie unsicher sind, lieber den Begriff in einem neuen (!) Wörterbuch oder bei fachsprachlichen Begriffen im Fachwörterbuch nach.

⑤ Tragen Sie die s-Laut-Schreibung nach den oben genannten Regeln ein!

Dr. Richter, Arzt für Allgemeinmedizin in Parchim, mu___ sehr viel fahren um in dem dünn besiedelten Mecklenburg seine Patienten zu versorgen.

Bi___her hatte er Glück, da___ er selbst noch nicht in einen Unfall verwickelt war. Im letzten Jahr wurde er mehrmal___ zu einer Raststätte an der Autobahn gerufen um Verletzte zu versorgen. Sie hatten aber keinen Autounfall, sondern Schu___verletzungen. We___halb oder woher auf sie gescho___en wurde, konnten die Fahrer nicht erklären. Mit einem grä___lich unsicheren Gefühl fuhr Dr. Richter in den folgenden Wochen durch den gro___en Landkrei___ zu seinen bettlägerigen Patienten. Einmal wurde er zu einer bereits krei___enden Patientin gerufen, deren Wehenfrequenz einen Tran___port in das Krei___krankenhaus nicht mehr erlaubte. Der Ehemann, von Nachbarn verständigt, eilte herbei und traf mit Dr. Richter vor dem Wohnhaus ein. Als er ihn sah, mu___te Dr. Richter erst einmal tief durchatmen vor Schreck, denn der Ehemann zog als Jäger ein Gewehr aus dem Wagen. In diesem Moment lö___te sich ein Schu___ und traf da___ Auto des werdenden Vaters. Vor Aufregung hatte er verge___en die Flinte zu entladen und zu sichern. Beide Männer fühlten sich einer Ohnmacht nahe.

Dr. Richter schaute den durch umherfliegende Gla___plitter leicht Verletzten nur kurz an und eilte ins Haus. Dort konnte er nur noch zusehen, wie die Frau, die von den Ereigni___en drau___en nichts mitbekommen hatte, ein gesunde___ Mädchen zur Welt brachte. Zur Nachversorgung der Eltern wurde nun doch ein Krankenwagen aus dem Krei___krankenhaus gerufen.

Dr. Richter wünschte sich nur noch, da___ er heil nach Hause käme.

Der Autobahntäter wurde Monate später in Schleswig-Holstein gefa___t.

Anredepronomen und Zeitangaben

In Brieftexten wird das höfliche Personalpronomen (persönliches Fürwort) „Sie“ (Ihnen, Ihrer usw.) großgeschrieben. Die vertrauliche Anrede „du“ (deiner, dir, dich usw.) dagegen wird kleingeschrieben.

① Entwerfen Sie eine Entschuldigung für die Berufsschule.

② Erzählen Sie in einem Brief an Ihre Freundin/Ihren Freund von einem Missgeschick, das Ihnen passierte.

Bei Zeitangaben ist es wichtig zu erkennen, ob ein Nomen (Hauptwort) oder ein Adjektiv (Wiewort) vorliegt:

- Nomen werden immer großgeschrieben.
  der Samstag, dieser Mittag, der Sonntagmorgen, eines Abends, am Mittag usw.
- Adjektive werden immer kleingeschrieben (= meist Zeitangaben, die auf s enden und denen kein Artikel der, die, das, einer, eine, eines vorangestellt ist).
  sonntags, montags, dienstagmorgens, mittwochs abends

③ Groß oder klein? Streichen Sie die falsche Form durch.

Hallo, Svenja,

D/du wirst es nicht glauben, aber ich habe tatsächlich eine Lehrstelle bekommen. Nächste W/woche fange ich dort an. Mein zukünftiger Chef kümmert sich intensiv um die Ausbildung: Zweimal W/wöchentlich hat er eine „Stiftsstunde“ eingerichtet. D/dienstags und D/donnerstags spricht er am N/nachmittag mit seinen Auszubildenden über die Vorgänge in der Praxis und versucht den Fachkundeunterricht zu begleiten. Obwohl es dabei Kaffee und Kuchen gibt, brauchst D/du nicht zu glauben, dass diese Runde ein gemütlicher Klatsch ist, die anderen Helferinnen haben mich vorgewarnt. Nun muss ich zusehen, dass ich Helge überrede, den Squashtermin von D/donnerstagabend auf den M/montag zu verschieben, denn M/mittwochs muss ich zur Berufsschule. Diese Terminprobleme kennst D/du als Studentin wohl nicht: Vorlesungen und Seminare bis höchstens vier, A/abends frei, F/freitags nach Hause, am Wochenende faulenzen.

Viele liebe Grüße D/deine etwas bange
Melanie

④ Schreiben Sie in wenigen Sätzen, was Sie hauptsächlich während der Woche tun.

Haupt- und Nebensätze

Kinder sind schnell überfordert, wenn die Behandlungen zu lange dauern. Deshalb wird der Zahnarzt lieber in therapeutisch kleinen Schritten vorgehen. Häufige Kurztermine empfinden jedoch manche Eltern als lästig. Begründen Sie daher den Eltern gegenüber, warum das Kind besser für jede Füllung einen Einzeltermin bekommt.
Die Behandlung von Kindern benötigt sicher viel Geduld, aber andererseits macht es auch Spaß, mit Kindern zu arbeiten und den guten Erfolg der eigenen Tätigkeit zu beobachten. Nirgends wird er deutlicher sichtbar als in dem Vertrauen der kleinen Patienten. *Fachkunde für Zahnarzthelferinnen, Cornelsen Verlag, 1993, S. 55*

Zur Erinnerung:

- ▶ Hauptsätze sind Sätze, die allein stehen können.
- ▶ Gliedsätze oder Nebensätze ergänzen die Aussagen der Hauptsätze.
- ▶ Gliedsätze/Nebensätze werden durch Komma abgetrennt.

① Unterstreichen Sie Haupt- und Nebensätze des Textes mit unterschiedlichen Farben.

② Welchen Eindruck macht folgender Text auf Sie?

Die Familie wohnte seit ungefähr sechs Jahren in der Mengstraße. Die alte Madame Antoinette Buddenbrook war altersschwach. An einem kalten Januartag warf sie etwas endgültig auf ihr hohes Himmelbett im Schlafzimmer des Zwischengeschosses. Die alte Dame war rüstig gewesen bis zuletzt. Sie hatte ihre dicken weißen Seitenlocken mit aufrechter Würde getragen. In der Stadt wurden Diners gegeben und sie hatte die hauptsächlichsten mit ihrem Gatten und ihren Kindern besucht. Buddenbrooks veranstalteten selbst Gesellschaften. Dort hatte sie ihrer eleganten Schwiegertochter im Repräsentieren nicht nachgestanden.

③ Vergleichen Sie diesen Text mit dem Originaltext von Thomas Mann und beschreiben Sie die Unterschiede und deren Wirkung.

Es war nicht bloß Altersschwäche, was die alte Madame Antoinette Buddenbrook, sechs Jahre ungefähr nachdem die Familie das Haus in der Mengstraße bezogen, an einem kalten Januartag endgültig auf ihr hohes Himmelbett im Schlafzimmer des Zwischengeschosses daniederwarf. Die alte Dame war rüstig gewesen bis zuletzt und hatte ihre dicken weißen Seitenlocken mit aufrechter Würde getragen; sie hatte zusammen mit ihrem Gatten und ihren Kindern die hauptsächlichsten Diners besucht, die in der Stadt gegeben wurden, und bei Gesellschaften, die Buddenbrooks selbst veranstalteten, ihrer eleganten Schwiegertochter im Repräsentieren nicht nachgestanden. *Th. Mann: Buddenbrooks; S. Fischer Verlag, Berlin 1901*

④ Eine Freundin bittet Sie, ihr bei der Formulierung eines Unfallberichtes an die Versicherung zu helfen:

Ich war beim Fensterputzen. Da rief mein Mann an. Er sagte, ich soll für heute Abend ein paar belegte Brote vorbereiten. Seine Skatbrüder kämen um acht Uhr vorbei. Davon wusste ich nichts. Es war kurz vor sechs Uhr und ich musste noch einkaufen. Ich war also in Eile. Der Eimer stand noch da. Auf den bin ich draufgetreten. Er fiel um. Ich rutschte aus. Mein Bein konnte ich nicht mehr bewegen. Ich hatte mir das Bein gebrochen.

a) Formulieren Sie den Text präziser und lesbarer durch die Verwendung zusammengesetzter Haupt- und Gliedsätze.

b) Überprüfen Sie Ihren Text und überlegen Sie, warum Nebensätze nicht allein stehen können.

Kommasetzung

Komma zwischen Haupt- und Nebensatz

Vorangestellte, nachgestellte und eingeschobene Nebensätze werden durch Kommas vom Hauptsatz abgetrennt.

- ▶ Weil die Praxis geschlossen war, fuhr der Patient in die Unfallambulanz des Krankenhauses.
- ▶ Als die Zahnarzthelferin ihre neue Stelle antrat, musste sie gleich am ersten Tag bei einer sehr schwierigen Extraktion assistieren.
- ▶ Dass am folgenden Tag die Quartalsabrechnung fällig war, wusste die neue Auszubildende nicht.
- ▶ Der neue Inhalator verursachte einige Probleme, als er gereinigt werden sollte.
- ▶ Im Labor wurde noch gearbeitet, weil die Zentrifuge nach einem mehrstündigen Stromausfall erst abends wieder benutzbar war.
- ▶ Das Personal wusste nichts davon, dass der Chef einen Herzinfarkt erlitten hatte.
- ▶ Der Praxiscomputer, der schon einige Jahre alt war, konnte das neue Abrechnungsprogramm nicht verarbeiten.
- ▶ Die Patientenkarte konnte, weil sie stark verschmutzt war, nicht eingelesen werden.
- ▶ Davon, dass es neue Abrechnungsnummern geben würde, erfuhr die Arzthelferin aus einer Fachzeitschrift.

① Unterstreichen Sie jeweils den Hauptsatz.

② Versuchen Sie bei den Beispielsätzen eine Umstellung vorzunehmen und schreiben Sie die Sätze auf. Bei welchem Satz geht das nicht?

③ Schreiben Sie einen Hauptsatz auf und erweitern Sie ihn durch mindestens zwei Nebensätze.

Nebengeordnete Teilsätze

Inhaltlich zusammengehörende Hauptsätze können zu gleichrangigen (nebengeordneten) Teilsätzen eines Satzes werden. Komma oder Semikolon trennt die beiden Teilsätze, auch wenn sie durch **aber, sondern, doch, jedoch** verbunden sind.

Der Arzt wartete vergeblich auf seine Patientin; **aber** sie hatte den Termin vergessen.

Welche dieser Sätze passen zusammen? Verwenden Sie beim Aufschreiben passende Konjunktionen (Bindewörter).

Dr. Ghent ist eigentlich Internist.	Man merkt ihm nichts an.
Karl hat eine Apoplexie erlitten.	Der Netzschalter muss bedient werden.
Die Operation wurde nicht sogleich vorgenommen.	Am Wochenende arbeitet er als Unfallarzt.
Das Mikroskop ist nicht beschädigt.	Eine Woche später fand sich ein Platz auf dem Terminplan.

Die Trennung der Teilsätze durch Komma entfällt, wenn sie durch **und** bzw. **oder** verbunden sind.

Dr. Ghent ist Internist **und** am Wochenende arbeitet er als Unfallarzt.

Aufzählungen

In Aufzählungen werden gleichrangige Wörter und Wortgruppen durch ein Komma voneinander getrennt, auch wenn sie durch **aber, sondern, doch, jedoch** eingeleitet werden.

Der Patient bat den Arzt um eine knappe, verständliche Erklärung seiner Krankheit.

Die Arzthelferin soll Patienten freundlich begrüßen, den Praxisablauf organisieren, Laborberichte einordnen, Karteikarten vorbereiten, dem Arzt assistieren.

Der Patient bat den Arzt um eine knappe, **aber** verständliche Erklärung seiner Krankheit.

Sie soll jetzt keine Laborberichte einordnen, **sondern** dem Arzt assistieren.

① Schreiben Sie selbst drei Sätze, die Aufzählungen enthalten. Achten Sie auf das Komma.

Das Komma entfällt, wenn Teile der Aufzählung durch **und, sowie, oder, bzw., entweder … oder, sowohl … als auch, weder … noch** verbunden sind.

Der Patient bat um eine knappe und verständliche Erklärung seiner Krankheit.

② Finden Sie weitere Beispielsätze, in denen die anderen Bindewörter verwendet werden.

E Schriftliche Kommunikation

Verschiedene Absichten von Texten unterscheiden

① Vergleichen Sie die folgenden Texte. Tragen Sie Ihre Ergebnisse als Antworten auf die Fragen 1–3 in die nachstehende Tabelle Seite 60 ein. Es sind jeweils mehrere Antworten möglich. (Füllen Sie die 4. und 5. Zeile der Tabelle erst anschließend aus.)

Textbeispiel 1

Zahnputzmittel werden überwiegend als Pasten angeboten, daneben auch als Gel, Pulver und Seife. Die Reinigungswirkung von Zahnputzmitteln wird durch Putzkörper und Netzmittel erzielt.

PUTZKÖRPER sind fein gemahlene mineralische Stoffe, die eine kontrollierte Scheuerwirkung entfalten. Sie verstärken die mechanische Reinigungswirkung der Zahnbürste.

NETZMITTEL (Tenside) unterstützen die Reinigung durch ihre emulgierende und benetzende Wirkung, indem sie Wasser entspannen und einen Schaum entstehen lassen, der auch in schlechter zugänglichen Bereichen eine Reinigungswirkung hat.

Textbeispiel 2

a

3 x täglich **DENTOMED** auf die Zahnbürste

Denn nichts macht Eltern glücklicher, als wenn ihr Kind wieder einmal sagt:

„Mutti, Vati – sie hat überhaupt nicht gebohrt!"

b

Ein Produkt der neuesten Zahnforschung, jetzt auch für Sie verfügbar: In langen klinischen Tests wurde bewiesen, dass das Dental-Systempflegeset DENTALUX nachweislich zu strahlenderen Zähnen führt. Das Systempflegeset DENTALUX enthält ein Spezialpflegemittel mit dem neu entwickelten Aufheller LUX-2-S und eine Zahnbürste in der patentierten DENTALUX-Form. Das Systempflegeset DENTALUX erhalten Sie zum Preis von nur 32,50 DM in allen Apotheken und Drogerien.

Textbeispiel 3

Wie immer gingen mir beim morgendlichen Zähneputzen, das ich stets sehr sorgfältig betreibe, zahlreiche Gedanken über den kommenden Tag durch den Kopf. Außer dass ich mich nach der ereignisreichen Nacht noch ziemlich erschlagen fühlte, gab es keinen Grund anzunehmen, dass es nicht ein Tag wie jeder andere werden sollte. Morgens um sieben ist die Welt bekanntlich noch in Ordnung. Da – wie zufällig sah ich mich im Spiegel – mein Magen sank bis in die Kniekehlen und beinahe wäre ich an meiner Zahnpasta erstickt …

Schriftliche Textarten			
	Textbeispiel 1	Textbeispiel 2	Textbeispiel 3
1. Um welche Art von Text könnte es sich handeln, woher könnte der Text stammen?			
2. Was will die Autorin/der Autor mit diesem Text wahrscheinlich erreichen?			
3. Was erwarten Sie, wenn Sie anfangen einen solchen Text zu lesen?			
4. Textart:			
5. Textabsicht:			

② Ordnen Sie die Bezeichnungen

Unterhaltungstext – Sachtext – Werbetext

unter den Punkt in die oben stehende Tabelle ein.

③ Einer der beiden Texte im Textbeispiel 2 war schwieriger als ein Werbetext zu erkennen als der andere.

a) Ergänzen Sie den folgenden Satz:

Der Text 2 b kann leicht mit einem ________________________ verwechselt werden.

b) Begründen Sie Ihre Antwort in Stichworten und Beispielen aus dem Text:

____

____

____

____

c) Beschreiben Sie in Stichworten und Beispielen aus dem Text, woran Sie trotzdem erkannt haben, dass es sich um einen Werbetext handelt:

____

____

____

____

d) Ergänzen Sie den folgenden Satz:

Mit Werbung soll erreicht werden, ____

____

(Haben Sie Ihre Ergänzung mit dem Wort „dass“ eingeleitet? Haben Sie dabei auf die richtige Schreibweise geachtet? Wenn Sie „das“ geschrieben haben, sollten Sie diesen Fehler jetzt korrigieren!)

e) Streichen Sie im folgenden Satz diejenigen Auswahlmöglichkeiten, die Sie für falsch halten:

Werbetexte verfolgen also letztlich das Ziel …

- … Menschen glücklich zu machen.
- … Menschen zu beeinflussen und zu bestimmten Handlungen aufzufordern.
- … Menschen klüger zu machen.

f) Entscheiden Sie, ob dies auch für eine Wahlkampfrede gilt. Begründen Sie Ihre Entscheidung:

g) Ein Fremdwort für das Wort „auffordern“ ist das Wort „appellieren“.
Bilden Sie einen Satz mit dem Wort „appellieren“, wie Sie ihn sicherlich schon einmal gehört haben (z. B. im Schulunterricht):

h) Begründen Sie, wieso Werbung etwas mit „appellieren“ und „Appell“ zu tun hat:

④ Das Wort „Literatur“ kennen Sie sicherlich. (Wenn nicht, arbeiten Sie mit einer Mitschülerin zusammen.) Nennen Sie möglichst viele (mindestens fünf) Beispiele für schriftliche Texte, die zur Literatur gezählt werden:

Texte der Literatur	
1.	2.
3.	4.
5.	6.

⑤ Texte der Literatur werden in drei verschiedene „Literaturgattungen" unterteilt.

Versuchen Sie die drei Fachausdrücke für die Literaturgattungen

Dramatik – Prosa – Lyrik

den drei Beschreibungen des folgenden Merksatzes zuzuordnen (lesen Sie zunächst alle drei Beschreibungen):

M

Die drei Literaturgattungen

a) ____________ sind Texte, die aus Versen bestehen; Verse sind Textzeilen, bei denen der Zeilenumbruch (das Ende der geschriebenen Zeile) nicht durch den rechten Blattrand, sondern durch den Willen der Autorin oder des Autors erzwungen wird. (Verse können, müssen sich aber nicht reimen!)

b) ____________ sind Texte, die hauptsächlich aus der wörtlichen Rede in verteilten Rollen (manchmal auch nur einer Rolle) bestehen und die dafür gedacht sind, gespielt zu werden. (Ein dramatischer Text muss also nicht etwa „traurig" oder „ergreifend" sein, wie das Wort „dramatisch" auch manchmal verstanden wird – auch der Text für eine Theaterkomödie oder das Drehbuch für einen lustigen Film sind dramatische Texte!)

c) ____________ sind solche Texte, für die weder a) noch b) gilt, bei denen sich also wörtliche Rede und Beschreibungen abwechseln und bei denen sich der Zeilenumbruch vor allem durch den rechten Blattrand ergibt. Solche Texte sind also „hintereinanderweg geschrieben".

⑥ Kennzeichnen Sie nun jedes Beispiel aus Aufgabe ④ Seite 61 mit einem

P, wenn es sich um ein Beispiel für einen Prosatext,

D, wenn es sich um ein Beispiel für einen dramatischen Text,

L, wenn es sich um ein Beispiel für einen lyrischen Text handelt,

und schreiben Sie weitere Beispiele für literarische Texte auf, die Ihnen dabei einfallen.

⑦ Gehen Sie jetzt noch einmal zurück zur Seite 60 und ordnen Sie dort in die Tabelle unter Punkt 5 nun auch noch die Fachausdrücke

appellierend – literarisch – informierend

ein. (Wenn Ihnen dies nicht gelingt, müssen Sie vorher die Aufgaben ④ und ⑤ Seiten 60/61 wiederholen.)

Sprachliche Merkmale verschiedener Textarten unterscheiden

① Vergleichen Sie noch einmal die Textbeispiele aus Aufgabe ① Seite 59 und kreuzen Sie in der folgenden Tabelle die Aussagen an, die Ihrer Meinung nach zutreffen:

Eigenschaften verschiedener Textarten				
	Textbeispiel			
	1	2 a	2 b	3
enthält eher viele Fachausdrücke (Fachsprache)				
ist eher in Alltagssprache abgefasst				
besteht eher aus vollständigen Sätzen				
enthält eher Sätze im Telegrammstil				
ist eher in einem sachlichen Stil geschrieben				
ist eher ausgeschmückt, weckt Gefühle beim Lesen				
ist eher unpersönlich				
spricht eher den Leser/die Leserin direkt an (z. B. durch die Anrede „Sie“)				
ist eher neutral				
enthält eher Meinungen und Werturteile				

② Stellen Sie sich vor (auch wenn Sie Ihre Berufsausbildung nicht in einer Zahnarztpraxis erhalten), eine Patientin käme zu Ihnen und bäte Sie um Informationsmaterial über Zahnputzmittel.

a) Entscheiden Sie durch Ankreuzen, welches der Textbeispiele aus Aufgabe ① Seite 59 am ehesten als Antwort für die Patientin geeignet wäre:

Eignung verschiedener Textarten zur Information				
	Textbeispiel			
	1	2 a	2 b	3
… ist geeignet				
… ist nicht geeignet				

b) Zur Begründung Ihrer Entscheidung kreuzen Sie auch in der folgenden Tabelle an, was Ihrer Meinung nach zutrifft:

Sachlichkeit verschiedener Textarten				
	Bei Textbeispiel			
	1	2 a	2 b	3
… steht „die Sache" (also das Zahnputzmittel) im Vordergrund.				
… steht die persönliche Sichtweise des Autors/der Autorin im Vordergrund.				

c) Lesen Sie den folgenden Merksatz und setzen Sie dabei die Wörter ein:

subjektiv – objektiv

M

Eine „Sache", die man als Außenstehender betrachtet, wird als **Objekt** bezeichnet. Ein Text, bei dem ganz die Sache im Vordergrund steht, ist deswegen ________________. – Der Betrachter (die Betrachterin) wird demgegenüber auch als **Subjekt** bezeichnet. Daher ist ein Text, der persönliche Meinungen und Wertungen enthält, ________________.

Begründen Sie nun Ihre Antwort auf Frage ② Seite 63, indem Sie dafür die Fachausdrücke **subjektiv** und **objektiv** verwenden:

____

____

____

③ Sie kennen jetzt die drei verschiedenen Textarten und den Unterschied zwischen objektiv und subjektiv. In der folgenden Tabelle finden Sie eine Reihe von Texten, wie sie in Ihrem Berufsleben vorkommen. Man muss immer genau entscheiden können, welche Aufgabe ein Text erfüllen soll. Ergänzen Sie deswegen bitte die Tabelle, indem Sie jeweils ein Kreuz in das passende Feld setzen. (Wenn Sie noch Schwierigkeiten mit den Fachausdrücken haben, müssen Sie vorher die Aufgaben ⑦ Seite 62 und ② Seite 63 wiederholen! Bei manchen Textarten sind mehrere Kreuze möglich – können Sie dafür jeweils eine Begründung geben?)

Objektivität und Subjektivität von Texten im Berufsleben			
Textart	ist vorwiegend informativ, sollte daher möglichst objektiv sein	ist vorwiegend appellativ, ist deswegen meist nicht objektiv	ist vorwiegend literarisch, Objektivität ist nicht notwendig
Rezeptur für eine Laborlösung			
Verkaufsanzeige für ein Vitaminpräparat			

Textart	ist vorwiegend informativ, sollte daher möglichst objektiv sein	ist vorwiegend appellativ, ist deswegen meist nicht objektiv	ist vorwiegend literarisch, Objektivität ist nicht notwendig
Arbeitsvertrag			
Beschwerdebrief			
Unfallbericht			
Gebrauchsanweisung für ein Laborgerät			
Apothekenrezept			
Glückwunschtelegramm an eine Kollegin			
Wahlrede			
Patientenbericht nach einer Überweisung			
Lexikonartikel			
Telefonbuch			
Geburtsanzeige			
Datenschutzgesetz			
privates Tagebuch			
Telefonnotiz			
Bewerbungsschreiben			
Laborordnung			
Besprechungsprotokoll			
Beschreibung einer Behandlung nach Rückfrage eines Patienten			
Liebesbrief			
Unfallverhütungsvorschrift			
Ausbildungsbericht			

Schriftliche Texte, die im Berufsleben geschrieben werden, sind fast immer Texte, bei denen es um eine Sache geht (dies kann auch ein Termin, ein Ereignis, eine Tätigkeit sein) und bei der die persönliche Meinung der Autorin oder des Autors im Hintergrund bleiben sollte.

④ Ergänzen Sie folgenden Merksatz:

Sachtexte sollten so ____________________ wie möglich abgefasst werden.

M

Der Geschäftsbrief

Einen Geschäftsbrief äußerlich korrekt gestalten

Herr Huber, dem Sie schon auf Seite 20 begegneten, hat seine Versicherungskarte leider immer noch nicht zugesandt. Er muss nun also auch schriftlich an sein Versäumnis erinnert werden.

① Wieder wird die Auszubildende Martina S. von ihrer Chefin gebeten den Brief zu schreiben. Ihr Schreiben sieht so aus:

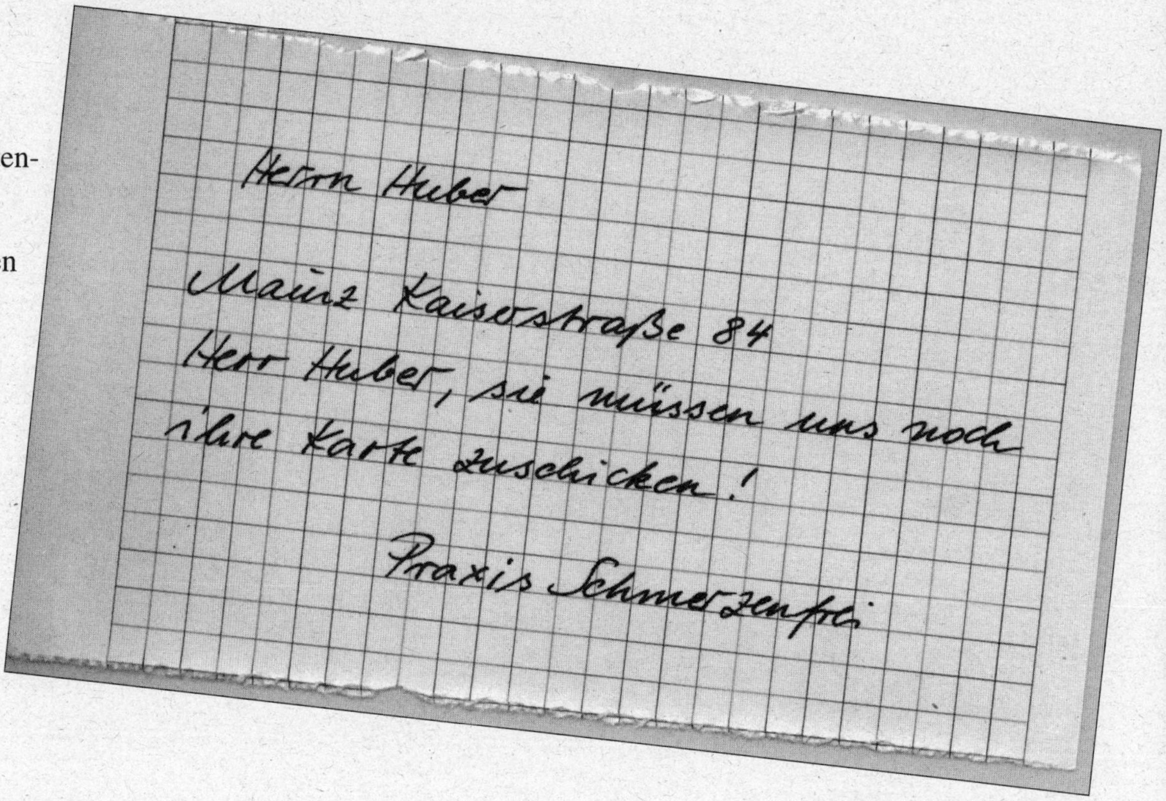
Herrn Huber

Mainz Kaiserstraße 84
Herr Huber, sie müssen uns noch ihre Karte zuschicken!

Praxis Schmerzenfrei

Bevor Martina ihren Brief der Chefin zum Unterschreiben gibt, kommt sie vorsichtshalber zu Ihnen um Sie um Rat zu fragen.
Betrachten Sie sich zunächst die äußere Gestaltung von Martinas Schreiben. Zählen Sie möglichst viele Ratschläge auf, die Sie Martina geben würden, damit das Schreiben äußerlich eine bessere Form bekommt, und begründen Sie Ihre Ratschläge:

Ratschläge zur äußeren Gestaltung eines Geschäftsbriefes	
Ratschlag	Begründung

② Briefe, wie sie im Berufsleben üblich sind, werden als Geschäftsbriefe bezeichnet. Sie haben sicherlich festgestellt, dass in Martinas Brief bestimmte formale Teile fehlen, die für jeden Geschäftsbrief genau vorgeschrieben sind.

Die formalen Teile eines Geschäftsbriefes haben allgemeine Bezeichnungen und heißen:

1. Absender
2. Absendedatum
3. Anschrift
4. Betreffzeile (die „Überschrift“ des Briefes)
5. Bezugszeile (der „Anlass“ des Briefes, worauf genau sich der Brief bezieht)
6. Anrede
7. Grußformel
8. Namenswiederholung
9. Anlagen

Ordnen Sie in der folgenden Tabelle die allgemeinen Bezeichnungen den fehlenden Textteilen zu und entscheiden Sie, an welche Stelle in dem auf Seite 68 abgedruckten Geschäftsbrief diese Teile gehören (setzen Sie dafür die passenden Buchstaben in die Tabelle ein):

Formale Teile eines Geschäftsbriefes		
Textbeispiel	allg. Bezeichnung	gehört an Stelle
Sehr geehrter Herr Huber,	Anrede	
199[redacted]-03-20	Absendedatum	
Anlage: Öffnungs- und Urlaubszeiten der Praxis 199[redacted]	Anlage(n)	
Dr. med. Doris Schmerzenfrei Ärztin für Allgemeinmedizin Saarstr. 15 55118 Mainz Tel.: (0 61 31) 12 34 56	Absender	
Nachreichen Ihrer Versicherungskarte	Betreffzeile	
(Dr. med. Doris Schmerzenfrei)	Namenswiederholung	
Herrn Franz Huber Kaiserstr. 84 *Leerzeile!* 55118 Mainz	Anschrift	
Mit freundlichen Grüßen	Grußformel	
Ihr Besuch in unserer Praxis am 20. 02. 199[redacted]	Bezugszeile	

③ Tragen Sie jetzt mit kleiner Schrift die fehlenden Textteile (A bis I) Wort für Wort in den Brief ein. Verwenden Sie dafür die Angaben aus dem Textbeispiel Seite 67. (Der eigentliche Brieftext zwischen Anrede und Grußformel folgt erst auf Seite 73.)

(D)

(B)

– ← *Leerzeilen*
–

(A)
–

–
–
(C)
(F)
–
–
(E)
–

–

–

–
(H)
–
–
– Doris Schmerzenfrei
(G)
–
–
(I)

④ Beantworten Sie folgende Fragen zu den formalen Teilen eines Geschäftsbriefes:

a) Warum wird in der Anschrift zwischen Straße und Ort eine Leerzeile eingefügt?

____

____

b) Manche Postanschriften enthalten eine Postfachnummer. An welcher Stelle würde diese Nummer in der Anschrift erscheinen?

____

c) Warum erscheint im Absender eine Telefonnummer, nicht aber in der Anschrift?

____

d) Wie lautet die Anrede, wenn man nicht an eine bestimmte Person schreibt (sondern z. B. an eine Firma)?

____

e) Mit welchem Satzzeichen endet die Anrede? ______________
(Wenn Sie dies bei Aufgabe d nicht beachtet haben, korrigieren Sie Ihre Antwort jetzt!)

Wie schreibt man deswegen den ersten Buchstaben des anschließenden Brieftextes? ______________

f) Wozu dient die Namenswiederholung?

____

____

⑤ Mit dem Textverarbeitungsprogramm eines Computers ist es wesentlich einfacher, Geschäftsbriefe einheitlich formal zu gestalten.

a) Welche häufig wiederkehrenden Floskeln und Gestaltungselemente können Sie als Textbausteine für Ihr Programm entwerfen?

____

____

____

b) Bauen Sie eine Adressdatenbank auf und beachten Sie die formale Gestaltung von Anschriften. Nehmen Sie die DIN 5008 „Schreib- und Gestaltungsregeln für die Textverarbeitung“ zu Hilfe.

c) Entwickeln Sie auf dem PC einen Formbrief und ein System von Textbausteinen, mit denen sich Ihre Geschäftsbriefe schneller verfassen lassen.

⑥ Streichen Sie in den folgenden Merksätzen jeweils die falschen Wörter oder ergänzen Sie die fehlenden Wörter:

M

Für das Äußere von Geschäftsbriefen gelten die nachfolgenden allgemeinen Regeln:

a) **Papier:** Einen Geschäftsbrief schreibt man auf gelochtes/ungelochtes, liniertes/unliniertes, buntes/weißes Papier im Format DIN A3/A4/A5.

b) **Ränder:** Ein Geschäftsbrief hat an allen 2/4/8 Kanten einen ________ von ungefähr 2,5 m/cm/mm. (Der untere Rand darf etwas ____________ sein, wenn der Platz sonst nicht reicht.)

c) **Zeilenausrichtung:** Sämtliche Zeilen eines Geschäftsbriefes (mit Ausnahme von Absendeort/-datum), also einschließlich Betreffzeile und Unterschrift, sind rechtsbündig/linksbündig/zentriert. (Sehen Sie sich dazu den auf Seite 72 abgedruckten Geschäftsbrief an.)

d) **Leerzeilen:** Ein Geschäftsbrief wird durch Leerzeilen gegliedert. Dabei stehen immer **zwei** Leerzeilen zwischen ____________________ ____________, aber immer **eine** Leerzeile innerhalb ____________ ________________. (Sehen Sie sich dazu den auf Seite 72 abgedruckten Geschäftsbrief an.)

e) **Anredepronomen (Anredefürwort):** Das Anredepronomen „Sie“ wird in allen Formen (also auch „Ihr“ und „Ihnen“) ______geschrieben: z. B. „Wir möchten ______ davon unterrichten, dass wir ______ Rechnung erst jetzt erhielten und ______ daher den Rechnungsbetrag nicht früher überweisen konnten.“

⑦ Moderne Textverarbeitungsprogramme verfügen über zahlreiche Schriftarten, aus denen Sie eine passende für Ihren Geschäftsbrief wählen müssen. Kreuzen Sie mindestens 3 Schriftarten an, die der formalen Gestaltung eines Geschäftsbriefes entsprechen würden:

- Leider liegt bei uns Ihre Versicherungskarte trotz telefonischer Nachfrage … ☐
- *Leider liegt bei uns Ihre Versicherungskarte trotz telefonischer Nachfrage …* ☐
- Leider liegt bei uns Ihre Versicherungskarte trotz telefonischer Nachfrage … ☐
- *Leider liegt bei uns Ihre Versicherungskarte trotz telefonischer Nachfrage …* ☐
- Leider liegt bei uns Ihre Versicherungskarte trotz telefonischer Nachfrage … ☐
- **Leider liegt bei unſ Ihre Verſicherungſkarte trotz telefoniſcher Nachfrage …** ☐
- Leider liegt bei uns Ihre Versicherungskarte trotz telefonischer Nachfrage … ☐
- Leider liegt bei uns Ihre Versicherungskarte trotz telefonischer Nachfrage … ☐

⑧ Bei vorgedruckten Briefbögen findet man häufig die formalen Briefteile „Ihr Zeichen, Ihre Nachricht“, „Unser Zeichen, unsere Nachricht“ und „Name“. Diese Begriffe werden **Leitwörter** genannt.

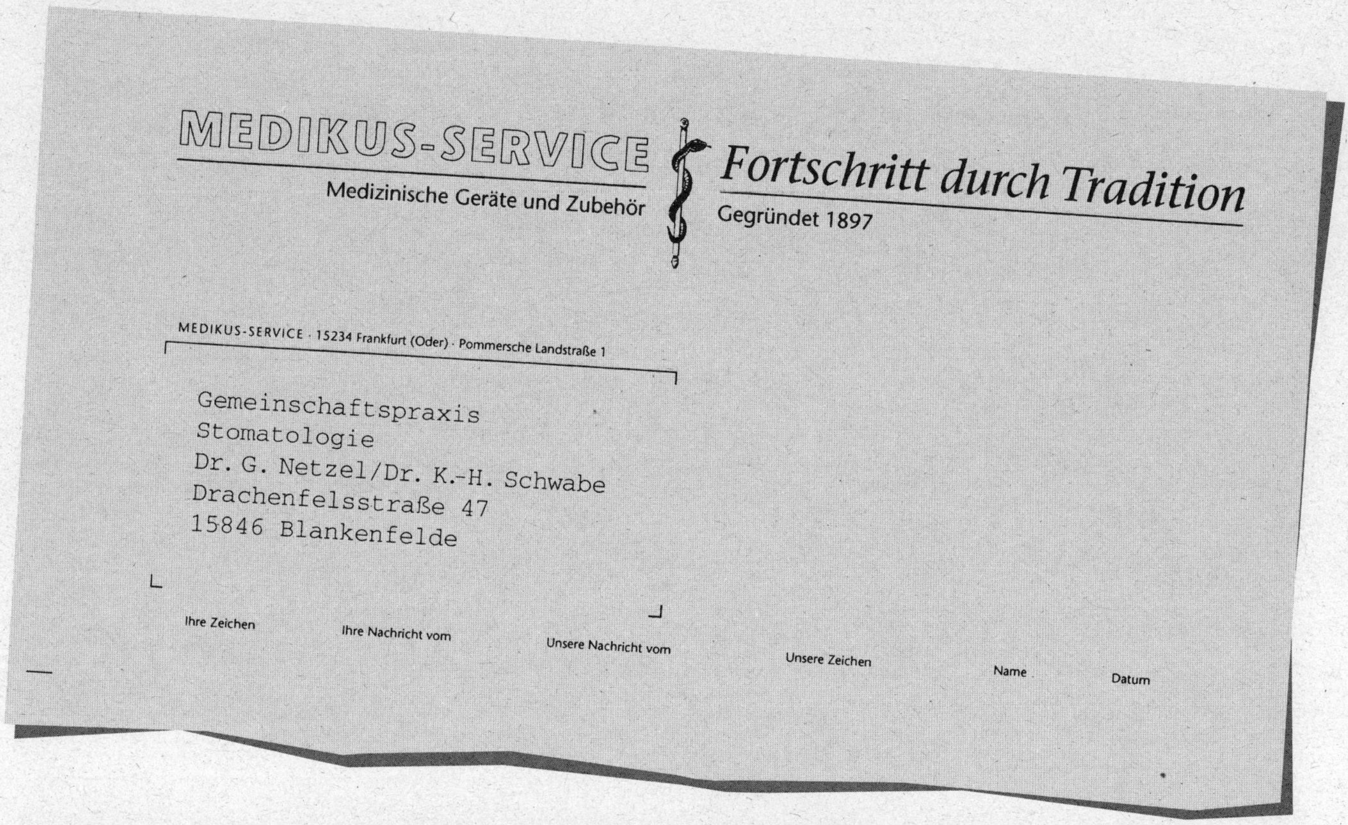
MEDIKUS-SERVICE
Medizinische Geräte und Zubehör
Fortschritt durch Tradition
Gegründet 1897

MEDIKUS-SERVICE · 15234 Frankfurt (Oder) · Pommersche Landstraße 1

Gemeinschaftspraxis
Stomatologie
Dr. G. Netzel/Dr. K.-H. Schwabe
Drachenfelsstraße 47
15846 Blankenfelde

Ihre Zeichen | Ihre Nachricht vom | Unsere Nachricht vom | Unsere Zeichen | Name | Datum

Erläutern Sie in der folgenden Tabelle, was diese Begriffe bedeuten:

Leitwörter eines Geschäftsbriefes	
Leitwort	**Bedeutung**
Zeichen	
Nachricht	
Name	

⑨ Die in diesem Kapitel behandelten Äußerlichkeiten eines Geschäftsbriefes sind genau vorgeschrieben. Nennen Sie mindestens drei Gründe für eine solche „Normung“ von Briefen im Berufsleben:

1. ______________________

____

2. ______________________

____

3. ______________________

____

____

____

Einen Geschäftsbrief inhaltlich zweckbezogen aufbauen

① Ihr Geschäftsbrief an Herrn Huber sollte jetzt folgendermaßen aussehen:

Dr. med. Doris Schmerzenfrei 199■-03-20
Ärztin für Allgemeinmedizin
Saarstr. 15
55118 Mainz
Tel. (06131) 123456
-
-
Herrn Franz Huber
Kaiserstr. 84
-
55118 Mainz
-
-
Nachreichen Ihrer Versicherungkarte
Ihr Besuch in unserer Praxis am 20. 01. 199■
-
-
Sehr geehrter Herr Huber,
-
[redacted]
-
[redacted]
-
[redacted]
-
Mit freundlichen Grüßen
-
-
- Doris Schmerzenfrei
(Dr. med. Doris Schmerzenfrei)
-
-
Anlage:
Öffnungs- und Urlaubszeiten der Praxis für 199■

Leider fehlt dabei immer noch der eigentliche Brieftext. Der wurde auf einigen Schmierzetteln vorgeschrieben, die aber durcheinander geraten sind:

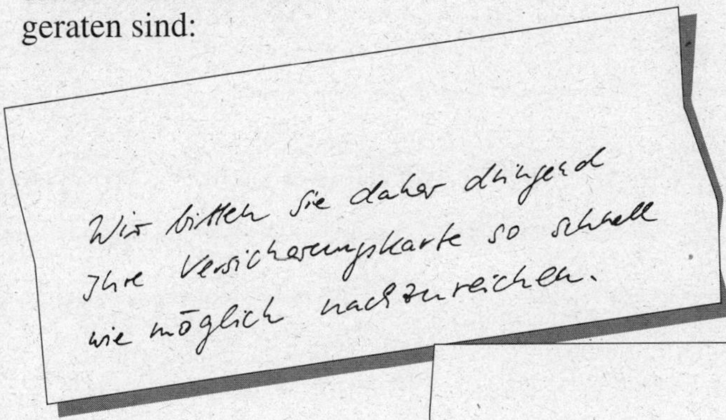

A

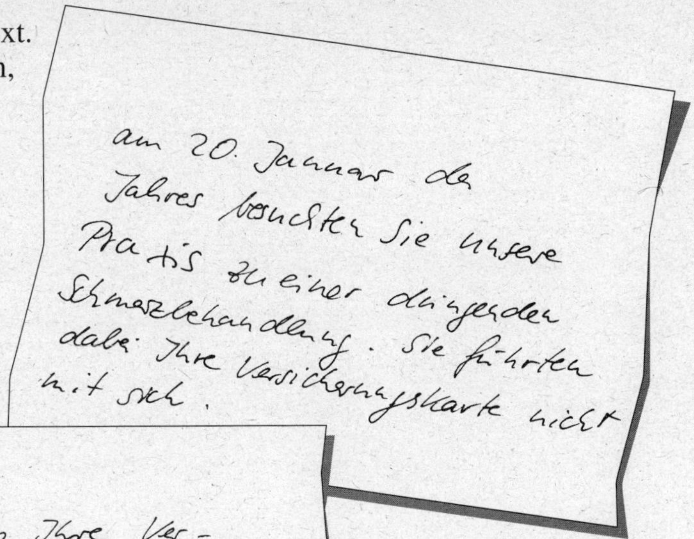

B

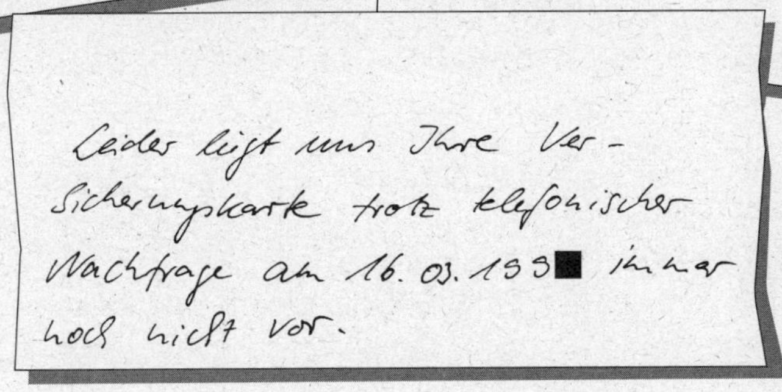

C

a) Versuchen Sie auf jedem Schmierzettel in Form einer allgemeinen Überschrift oder Frage zu notieren, wozu dieser Textabschnitt in Ihrem Geschäftsbrief dienen soll.

b) Legen Sie eine sinnvolle Reihenfolge für die A, B und C gekennzeichneten Schmierzettel fest.

c) Übernehmen Sie nun auch den Inhalt der drei Schmierzettel wörtlich und in der richtigen Reihenfolge in den Brief (achten Sie auf die Leerzeilen zwischen den Absätzen).

② Ergänzen Sie folgenden Merksatz (nehmen Sie dazu die Notizen zu Hilfe, die auf den Schmierzetteln stehen):

M

Der Inhalt von Geschäftsbriefen besteht häufig aus drei Absätzen:

1. Absatz: ______________________________

____

2. Absatz: ______________________________

____

3. Absatz: ______________________________

____

③ Üben Sie das Schreiben von Geschäftsbriefen an verschiedenen Beispielen. Sammeln Sie dafür in der Klasse berufliche und private Anlässe, die zum Schreiben von Geschäftsbriefen zwingen (z. B. Bestellung, Reklamation, Bescheinigung, Beschwerde …).
Schreiben Sie immer erst einen Entwurf in Ihr Schulheft. Bei der Reinschrift auf ein einzelnes Blatt müssen Sie dann auch die formalen Anforderungen an einen Geschäftsbrief einhalten.

Auch das Bewerbungsschreiben ist ein Geschäftsbrief. Da dieses Schreiben für Sie besonders wichtig ist, wird es gesondert im Abschnitt auf Seite 79 behandelt.

F Texte verstehen und zusammenfassen

Sich in einem Fachbuch zurechtfinden

In dem Vorwort zu einem Fachbuch für Zahnarzthelferinnen schreibt einer der Autoren: „Alle, die an diesem Buch mitgewirkt haben, wären stolz, wenn Sie es wie ein ‚Kochbuch' benutzen würden."

Dr. Kai Müller in: Fachkunde für Zahnarzthelferinnen, Cornelsen Verlag, 1993, S. 5

- ▶ Überlegen Sie, wozu Sie ein Fachbuch brauchen. Schreiben Sie Ihre Ideen stichpunktartig auf.
- ▶ Vergleichen Sie Ihre Stichpunkte mit dem Inhaltsverzeichnis Ihres Fachbuchs. In welchen Bereichen des Fachbuchs finden Sie Ihre Stichpunkte?
- ▶ Was meint Dr. Müller, wenn er das Fachbuch mit einem Kochbuch vergleicht?
- ▶ Versuchen Sie mit Hilfe Ihres Fachbuchs möglichst viel über die Begriffe **Lederhaut, Mineralstoffe, Jejunum, Aerosol, Schädel** herauszufinden.
- ▶ Gibt Ihr Fachbuch Auskunft über den von Ihnen angestrebten Beruf? Welche Schwerpunkte werden in der Darstellung gesetzt?

Aktives Lesen („Exzerpieren") eines Fachtextes, ihn verstehen, mit eigenen Worten wiedergeben, den Text durch Zeichnung veranschaulichen

Behandlung von Zahnluxationen

(Wird ein Zahn gewaltsam aus seinem Halteapparat ganz oder teilweise entfernt, spricht man von Luxation.)

Wenn immer möglich, wird die Erhaltung des Zahns versucht. Dabei kommt der Zahnarzthelferin oft eine bedeutende Rolle zu: Häufig erfolgt ein Anruf bei der Rezeptionshelferin mit der Bitte um eine Notfallbehandlung. Dann sollte immer rückgefragt werden, ob Zähne ausgeschlagen worden sind. Ist dies der Fall, sollen solche Zähne bei größeren Kindern oder Erwachsenen im Mund behalten oder in einem Behälter (z. B. Plastikbeutel) mit Milch oder Salzwasser (physiologische Kochsalz-(NaCl-)Lösung = 0,9 %, entspricht ungefähr 9 g NaCl pro Liter Wasser) aufgehoben werden. Auch Zähne, die im Schmutz gelegen haben, sollen gesucht und mitgebracht, keineswegs aber gereinigt werden. Diese Maßnahmen verhindern, dass die auf der Wurzeloberfläche verbliebenen Teile des Desmodonts austrocknen. Eine Replantation des luxierten Zahnes ist dann in vielen Fällen möglich und es bestehen durchaus Aussichten auf Einheilung solcher Zähne (ca. 50 %). Es kommt darauf an, wie alt die Patienten sind (gute Aussichten bei nicht abgeschlossenem Wurzelwachstum), wie lange die Wurzelhaut in trockener Umgebung war und wie gut der replantierte Zahn mit seiner ursprünglichen Alveole zusammenpasst. (…) Die Behandlung besteht meist neben der Replantation in einer Wurzelbehandlung, Schienung und Antibiotikaprophylaxe. Gelegentlich kommt es allerdings zu einer langsamen Wurzelresorption (Wurzelauflösung) mit Ausfallen des Zahnes nach einigen Jahren. Dies kann bedeutend verzögert werden, wenn bei der Reimplantation die Wurzel des Zahnes mit einem Keramikstift gefüllt wird, der ihre Spitze um einige Millimeter überragt.

Braune u. a.: Fachkunde für Zahnarzthelferinnen, Berlin 1993, Cornelsen Verlag, S. 215 f.

① Lesen Sie den Text sorgfältig durch, schlagen Sie unbekannte Fachwörter nach.

a) Unterstreichen Sie die Schlüsselbegriffe des Textes.

b) Schreiben Sie die wichtigsten Vorgänge heraus.

c) Schreiben Sie entsprechend der Aussage des Textes einen Telefondialog, der einen Luxationsnotfall zum Gegenstand hat.

d) Formulieren Sie in zwei Sätzen die Hauptaussagen des Textes.

Prof. Horst de Mareés stellt die Temperaturregulation beim Aufenthalt im Wasser wie folgt dar:
Im Wasser ist der Wärmeübergang von der Haut an das umgebende Medium mehr als 200-mal größer als in der Luft von gleicher Temperatur. Das erklärt sich hauptsächlich aus der 25-mal größeren Wärmeleitfähigkeit des Wassers und der Abnahme der sog. Grenzschicht, die dem Körper direkt anliegt und in die Wärme nur konduktiv abgegeben wird, auf 1/10 ihrer Dicke unter Luftbedingungen. Durch die gesteigerte Wämeabgabe sinkt die Hauttemperatur ab und liegt nach kurzer Zeit wenig oberhalb der Wassertemperatur. Dadurch verkleinert sich das Temperaturgefälle „Haut – Wasser", gleichzeitig vergrößert sich aber die Temperaturdifferenz zwischen Körperkern und Haut. Dass der menschliche Körper trotz großen Temperaturgefälles zwischen Körperkern und Haut im Wasser von 20 °C nur 2–3-mal so viel Wärme wie in Luft gleicher Temperatur verliert, ist auf die gesteigerte „Wärmedämmung" zurückzuführen: starke Vasokonstriktion → Drosselung der Hautdurchblutung → Zunahme der Dicke der Körperschale → erhöhter Wärmewiderstand. Um das Absinken der Körperkerntemperatur zu verhindern muss die erhöhte Wärmeabgabe im Wasser durch eine gesteigerte Wärmeproduktion ausgeglichen werden. Die Überlebenszeit von Schiffbrüchigen nimmt unterhalb 20 °C Wassertemperatur rapide ab, oberhalb dieses Temperaturwertes verlängert sie sich um ein Mehrfaches. Offensichtlich entspricht die für 20 °C Wassertemperatur notwendige Stoffwechselsteigerung einem Wert, der gerade noch über längere Zeit hinweg zu erbringen ist. Dabei ist zu berücksichtigen, dass fettleibige Menschen auf Grund ihres größeren Wärmewiderstandes (größere Dicke der Fettgewebsschicht) langsamer im Wasser auskühlen als magere Menschen.

Horst de Mareés: Sportphysiologie, S. 316 f., Köln-Mühlheim 1979

② Lesen Sie den Text sorgfältig durch und schlagen Sie die Ihnen unbekannten Begriffe im Fachwörterbuch nach.

a) Unterstreichen Sie die Schlüsselwörter, die wesentlich für den Wärmeaustausch sind.

b) Die abgebildete Schemazeichnung bildet den Vorgang ab. Beschriften Sie die Zeichnung.

c) Geben Sie mit eigenen Worten die Hauptaussagen des Textes wieder.

③ Taucheranzüge werden aus einem Schaumstoff, dem Neopren, hergestellt, dessen Luftbläschen sich beim Eintauchen mit Wasser füllen. Diese Füllung wird jedoch während des Tauchens nicht mehr ausgetauscht. Neoprenanzüge gibt es in unterschiedlicher Dicke.

a) Fertigen Sie eine Schemazeichnung an, die den Wärmeaustausch mit Neopren darstellt.

b) Erklären Sie schriftlich, warum der Taucheranzug vor Auskühlung schützt.

G Arbeitsprojekt „Werbetext für den Ausbildungsberuf“

Einen Vortrag über den eigenen Ausbildungsberuf anfertigen

Zitrone zum Nachspülen
Stoßseufzer einer Lehrherrin

von Almuth Mainka

Als ich vor dreizehn Jahren meine Zahnarztpraxis in einer süddeutschen Großstadt eröffnete, war vieles anders als heute. Unter anderem hatte ich erwartet, dass Azubis Teamgeist und Leistungsbereitschaft mitbringen.
Da schließt man mit einer blonden Sechzehnjährigen einen Ausbildungsvertrag über drei Jahre. Noch beim Vorstellungsgespräch in Gegenwart der Eltern macht sie kaum den Mund auf, so schüchtern ist sie. Kaum ist die dreimonatige Probezeit um, hat sie sich, von heute auf morgen, in einen vorlauten, schwarz gefärbten Gruftie verwandelt.
Was schmückt? Um das Handgelenk geschlungene Lederbänder sehe ich bei den Auszubildenden aus hygienischen Gründen nicht gern. Aber was ist zum Beispiel mit gepiercten Lippen und Augenbrauen oder Tätowierungen auf dem Oberarm? Als neulich ein neunzehnjähriger Patient seinen Mund aufmachte und neben kariösen Zähnen einen Zungenpflock offenbarte, zwei kirschkerngroße Metallkugeln an einem Stab, der durch den Zungenmuskel gebohrt wird, registrierte ich sofort die heimliche Bewunderung im Blick meiner zwei Mitarbeiterinnen. Wann werden sie selbst sich solch einen Dauerschnuller implantieren lassen?
Diese Erfahrungen haben mich veranlasst den Ausbildungsverträgen einen Zusatzartikel anzuhängen, den ich, um ganz sicher zu gehen, von den Mädchen und ihren Eltern unterschreiben lasse. „Das Piercen, Tätowieren und Burning (Anbringen von Brandziernarben) von sichtbaren Hautarealen mit Ausnahme der nicht knorpeligen Anteile der Ohren“ zieht jetzt die sofortige fristlose Kündigung nach sich. Meine Patienten liegen mir näher als das uneingeschränkte Recht zur Verschönerung der Auszubildenden.
Kommt im Kollegenkreis das Gespräch auf unsere jungen Mitarbeiterinnen, nehmen die Anekdoten kein Ende. Da kann ich beispielsweise die Story über J. beisteuern, die (sic!) eines Tages auf die Idee kam den Patienten außer Wasser auch Zitronensaft in den Mundspülbecher zu schütten. Alle Mädchen bogen sich vor Lachen über die sauren Mienen der Opfer. Ein anderes Mal füllten sie unter J.s Anleitung Gummifingerlinge und -handschuhe mit Wasser um diese wie geblähte Kondome aussehenden Bomben aus dem dritten Stock auf die Passanten abzuwerfen.
J. war es auch, die ich eines Tages bat die Schubladen für die Instrumente zu putzen – in einer Zahnarztpraxis eine normale Aufgabe. Als ich anschließend mangelnde Sorgfalt vorhielt, baute sich ein selbstbewusster Teenie vor mir auf, die Hände in die Taille gestützt: „Die Schubladen sind sauber!“ Früher dachte ich, über Schwarz und Weiß, über Sauber und Dreckig könne es keine Debatten geben. Welch ein Irrtum.
In einer Großstadt, in der an Auszubildenden wie auch examinierten zahnmedizinischen Assistentinnen großer Mangel herrscht, muss man sich gut überlegen, wie weit man geht. Wer als Chefin auch berechtigte Kritik allzu harsch überbringt, hat am nächsten Tag die Kündigung auf dem Tisch. Denn schnell findet sich eine andere Praxis, die halb fertige Azubis noch mit Kusshand nimmt.
Doch es gibt natürlich auch andere. Solche, die wirklich etwas lernen wollen, bereit sind sich anzupassen und sogar höflich mit den Patienten umgehen können. Sie heißen Danijela aus Bosnien, Gül aus der Türkei oder Armella aus Italien. Derzeit bangen wir, ob Danijelas Aufenthaltsgenehmigung noch so lange gilt, bis sie wegen guter Noten in der Berufsschule vorzeitig ihren Abschluss machen kann. Wir werden sie vermissen, auch weil sie so ausgeglichen ist: In Stresssituationen behält sie den Überblick. Sie lässt sich wohl durch nichts erschüttern, nach dem, was sie zu Hause alles erleben musste.
Auch mit den beiden Mädchen aus Dresden läuft es prima. Dass sie schon mit sechzehn Jahren ihre gewohnte Umgebung verlassen haben, imponiert mir. Sie wohnen in einem Haus der Caritas, sind lernwillig und fleißig.
Bald kommt der neue Jahrgang. Lehrjahre sind keine Herrenjahre, auch heute nicht.
Andererseits sind auch die Herrenjahre rechte Lehrjahre.

Aus: DIE ZEIT Nr. 27, 27. 6. 1997, S. 61

① Der äußerst negative Grundton dieses Textes verdeckt die Erwartungen, die die Ausbilderin an ihre Auszubildenden hat.

a) Formulieren Sie in kurzen, prägnanten Stichwörtern, welche Voraussetzungen Frau Mainka bei ihren Assistentinnen erwartet.

____

____

____

____

b) Können Sie die Reihe von Erwartungen aus eigener Erfahrung ergänzen?

c) Füllen Sie diese Erwartungen und Voraussetzungen für Ihren Beruf mit „Leben", indem Sie entsprechende Tätigkeiten und Ereignisse aus dem Arbeitsablauf darstellen.
Als Hilfe können Sie den Ablauf eines Arbeitstages oder einer Arbeitswoche schildern.

d) Überlegen Sie, welche Tätigkeiten Ihnen am meisten Freude bereiten. Was mögen Sie nur ungern tun?

e) Rufen Sie sich die Elemente des Werbetextes ins Gedächtnis (vgl. Kap. E) und überlegen Sie, wie Sie den vielleicht etwas trockenen Tätigkeitsbericht auflockern können.

② Stellen Sie sich vor, Sie sollen die Abgangsklasse Ihrer alten Schule über Ihren Beruf informieren.

a) Schreiben Sie einen Vortrag über Ihren Beruf. Achten Sie darauf, dass die Sätze nicht zu lang und verschachtelt sind. Stellen Sie auch die Ihnen unangenehmen Seiten dar, aber so, dass der Zuhörer nicht abgeschreckt wird.

b) Üben Sie den Vortrag zu Hause vor dem Spiegel. Achten Sie darauf, dass Sie nicht alles ablesen, sondern nur wenige Blicke auf den Text werfen müssen. Bei einem Vortrag spielt es keine Rolle, ob Sie den Text wortwörtlich wiedergeben. Die Rede sollte aber flüssig, lebhaft und möglichst kurzweilig sein. Der Vortrag sollte nicht länger als fünf Minuten dauern. Kürzen Sie eventuell Ihren Text.

c) Halten Sie Ihren Vortrag vor der Klasse.

Eine Werbebroschüre für den Beruf Arzthelferin/Zahnarzthelferin entwerfen

▶ Finden Sie sich zu Gruppen von 3 bis 4 Teilnehmern zusammen.
Sprechen Sie mit Ihren Gruppenteilnehmern die Protokollführung ab.

▶ Sammeln Sie im Klassengespräch Ideen für die Gestaltung einer Werbebroschüre.

▶ Diskutieren Sie in der Gruppe, welche allgemeinen Merkmale der Beruf Arzt-/Zahnarzthelferin besitzt. Ziehen Sie die Notizen zu Ihrem Vortrag zu Rate. Jetzt werden nicht mehr die speziellen Merkmale der Tätigkeit in einer gynäkologischen, augenärztlichen, chirurgischen usw. Praxis gesucht, sondern wesentliche Merkmale, die auf alle Auszubildenden dieser Berufsgruppe zutreffen.

- Diskutieren Sie, was in eine Werbebroschüre gehört:

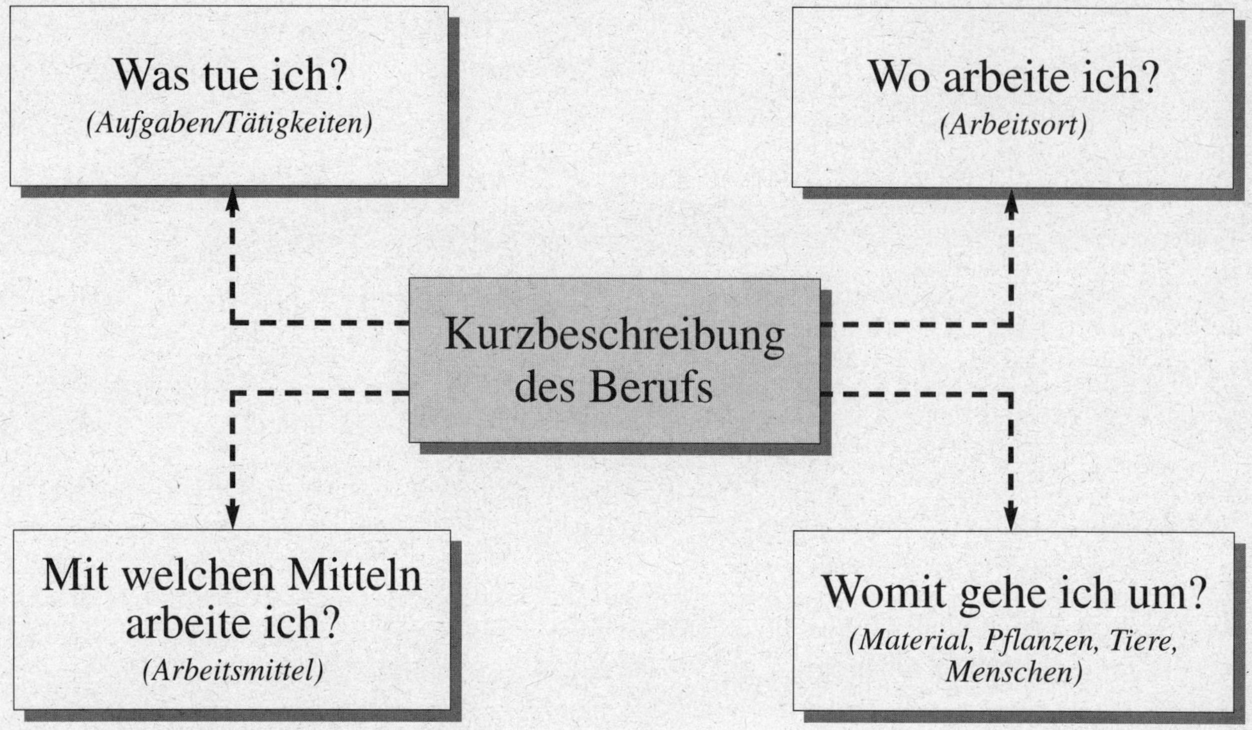

Diese Informationen kann man für jeden Beruf angeben.
Sie prägen den Beruf in besonderer Weise.

- Angaben über Verdienstmöglichkeiten
- Informationen über die Ausbildungssituation
- Beschäftigungsaussichten
- Weiterbildungsmöglichkeiten
- Hinweise auf Informationsmöglichkeiten (z. B. Arbeitsamt, Berufsinformationszentrum, Handelskammer, Internet)

Die Protokollanten notieren die Ergebnisse des Gruppengesprächs.

- Die einzelnen Gruppen tragen die Ergebnisse in der Klasse zusammen. Gegebenenfalls werden die einzelnen Listen ergänzt.

- Jede Gruppe entwirft einen werbewirksamen Text, der möglichst vervielfältigt und jeder anderen Gruppe zur Verfügung gestellt wird.

- Nach dem genauen Durchlesen der einzelnen Texte wird in der Klasse der beste Text ausgewählt und eventuell noch korrigiert, ergänzt oder stellenweise verbessert. Dieser letzte Text sollte möglichst wieder vervielfältigt und jeder Gruppe zur Verfügung gestellt werden.

- Überlegen Sie, welche Zielgruppe Sie mit Ihrer Werbebroschüre erreichen wollen. Entwickeln Sie auch danach Ihr Layout (skizzenhafter Entwurf für die Text- und Bildgestaltung).

- Jede Gruppe versucht nun durch Zerschneiden des Textes und Positionierung von Illustrationen (Bilder, Tabellen, Zeichnungen) einen Werbeprospekt anzufertigen.
(Eine gute Quelle für Bildmaterial sind häufig die dem Praxisarzt teilweise umsonst zugesandten Schriften der Pharmaindustrie. Auf Anfrage ist er vielleicht bereit Ihnen diese Schriften zur Verfügung zu stellen.)

H Stellenbewerbung

Die schriftliche Bewerbung

Wenn Sie dieses Kapitel bearbeiten, haben Sie schon eines oder gar mehrere Bewerbungsverfahren hinter sich, nämlich das um die Lehrstelle. Vielleicht mussten Sie sich damals noch nicht schriftlich bewerben, weil der Lehrausbilder Sie kannte, oder die Eltern konnten noch behilflich sein. Dieses „vereinfachte" Verfahren wird aber nach Beendigung Ihrer Lehrzeit kaum möglich sein. Dies bedeutet allerdings auch, dass Ihre Unterlagen möglichst fehlerfrei, Ihr Zeugnis möglichst gut und Ihre Selbstdarstellung im Bewerbungsgespräch möglichst gewinnend sein müssen.

Eine Anzeige analysieren

DIE GEMEINSCHAFTSPRAXIS DRES. KLABAUTER, SPIEGEL UND BRECHER

sucht zur Verstärkung ihres Teams eine examinierte Arzthelferin

Wir führen neben einer allgemeinmedizinischen Praxis noch Fachpraxen für Pädiatrie und Chirurgie. Als Arzthelferin werden Sie zusammen mit fünf weiteren Kolleginnen in alle Bereiche der Praxis integriert.
Die übertarifliche Bezahlung sollte Sie überzeugen.

Wir erwarten, dass Sie in der Lage sind unsere Computeranlage zu bedienen, Grundtätigkeiten im Labor zu verrichten und kompetenter Ansprechpartner unserer Patienten zu sein.
Wenn Sie darüber hinaus in der Lage sind hektische Wintertage mit Ruhe und Übersicht zu bestehen, würden wir Sie gern zum 1. 9. 199■ in unserem Team begrüßen.

① Prüfen Sie die Anzeige:

a) Auf welche Tätigkeiten wird besonderes Gewicht gelegt?

b) Gibt es Fähigkeiten, die zwar wünschenswert, aber nicht unbedingt nötig sind? (Zuweilen wird nahezu Unmögliches in Stellenanzeigen erwartet. Wenn Sie sich auf eine solche Anzeige bewerben wollen: „Gesucht wird junge, freundliche Arzthelferin mit Fremdsprachenkenntnissen in Türkisch, Kurdisch, Russisch und Englisch sowie mehrjähriger Berufserfahrung", dann müssen Sie überlegen, ob Sie zumindest einen Teil der Anforderungen erfüllen. Positiv wirkt sich häufig der Hinweis aus, dass Sie bereit wären die fehlenden Qualifikationen und Fähigkeiten zu erwerben.)

c) Was erwartet der zukünftige Arbeitgeber außerdem?

d) Besprechen Sie Ihre Ergebnisse mit der Sitznachbarin oder Sie diskutieren darüber in der Klasse.

② Prüfen Sie sich selbst:

a) Traue ich mir die beschriebene Aufgabe zu?

b) Wo liegen meine Stärken, wo sind meine Schwächen?

Ein Anschreiben verfassen

① Entwerfen Sie ein Anschreiben, das sowohl Bezug auf die Anzeige nimmt als auch Ihre Stärken im Beruf darstellt. Achten Sie auf kurze, präzise Formulierungen. Das Schreiben sollte keinesfalls länger als eine DIN-A4-Seite sein.

Beispiel:

Gesa Gutsmuts
Ossiangasse 9
67345 Seeheim

199■–07–08

Gemeinschaftspraxis Dres. Klabauter, Spiegel und Brecher
Mohnweg 85
40670 Meerbusch

Ihre Anzeige in der Rheinzeitung vom 05. 07. 199■

Sehr geehrte Dres. Klabauter, Spiegel und Brecher,
nach meiner Ausbildung bei Dr. Klaus bin ich auf der Suche nach einer neuen Aufgabe. Die Vielseitigkeit der Tätigkeit, die aus Ihrer Anzeige hervorgeht, reizt mich.
Während meiner Ausbildungszeit habe ich alle anfallenden Arbeiten in einer Allgemeinpraxis kennen gelernt. Da Dr. Klaus auch kleine Chirurgie durchführte, ist mir auch dieser Assistenzbereich gut vertraut. Im Labor habe ich am Ende meiner Lehrzeit weitgehend selbstständig gearbeitet. Im Umgang mit den Patienten bemühte ich mich immer, auf ihre individuellen Bedürfnisse einzugehen.
Sollte Sie meine Bewerbung ansprechen, könnte ich wunschgemäß zum 01. 09. 199■ anfangen. Ich würde mich freuen, wenn Sie mich zu einem Vorstellungsgespräch einladen würden.
Mit freundlichen Grüßen

Gesa Gutsmuts
Anlagen: Lebenslauf
Passbild
Zeugnis des Arbeitgebers
Abschlusszeugnis der Berufsschule
Examensurkunde

② An welchen Stellen geht die Bewerberin auf die Anzeige ein? Zu welchen Punkten schreibt sie nichts? Wo verstößt sie gegen die DIN-Norm (siehe S. 70, 72)?

Einen Lebenslauf verfassen

① Verfassen Sie einen tabellarischen Lebenslauf, der Name, Geburtstag, Geburtsort, Schulbildung, Ausbildung, Examina und Sonderqualifikationen umfasst. Achten Sie bei dieser Darstellung auch auf Übersichtlichkeit. Oben rechts auf dem Blatt sollte noch Raum für ein Bewerbungsfoto in Passbildgröße sein.

Beispiel:

Name:	Gesa Gutsmuts	
Geburtstag:	7. 3. 1979	
Geburtsort:	Husum/Nordsee	
Schulbildung:	1985–1989	Grundschule Husum
	1989–1991	Klopstockschule Husum (Gymnasium)
	1991	Umzug nach Worms
	1991–1992	Besuch des Gaußgymnasiums

	1992–1995	Besuch der Karmeliter-Realschule
	1995	Schulabschluss mit dem Zeugnis der mittleren Reife
Ausbildung:	August 1995	Beginn der Lehre in der allgemeinmedizinischen Praxis Dr. Klaus; gleichzeitiger Besuch der Berufsschule Worms
	Juni 1997	Abschlussexamen vor der Ärztekammer Mainz, Gesamtnote „gut“
Schwerpunkte der Ausbildung:	Praxisorganisation mit Hilfe des Computers sowie Führen einer Patientenkartei; Labor; Einführung in das Abrechnungswesen usw.	
Sonderqualifikationen:	Fortbildungsveranstaltungen „Der Umgang mit dem ängstlichen Patienten“ in Bad Kreuznach; „Das neue Abrechnungswesen“; „Ökonomie im Labor“, beide in Ludwigshafen; Computerkurs an der VHS Worms (Excel, Word 5.1) Schwimmlehrerprüfung 1996	

Worms, 199[redacted]-07-08 Gesa Gutsmuts

② Welche Qualifikationen, die aus ihrem Lebenslauf hervorgehen, hätte Gesa Gutsmuts schon im Anschreiben erwähnen sollen?

____

____

____

③ Lesen Sie folgenden Merksatz und vervollständigen Sie ihn:

M

Zu einer vollständigen schriftlichen Bewerbung gehören:

- das ________________, in dem steht, weshalb man sich bewirbt und für geeignet hält,
- ein tabellarischer ________________,
- ein ________________, das nicht aus dem Automaten, sondern aus einem Fotostudio stammen sollte,
- ________________ in Kopie (Arbeitgeber, Examen, Schule), nach Datum sortiert. Das neueste liegt jeweils oben.

Vorbereitung des Bewerbungsgesprächs

Es hat geklappt, Sie sind zu einem Vorstellungsgespräch eingeladen worden. Solche Vorstellungsgespräche können sehr unterschiedlich ausfallen: Einige Arbeitgeber bemühen sich um einen sehr persönlichen Ton, andere bleiben überaus sachlich, scheinbar kühl. Aber alle wollen mit Ihnen ins Gespräch kommen und in gewissem Rahmen kann man dieses Gespräch vorbereiten.

Viele Arbeitgeber wünschen, dass Sie sich zunächst selbst vorstellen. Die wichtigsten Fakten sind aus der schriftlichen Bewerbung bekannt. Sie sollten die „Eckpfeiler“ Ihrer Vorstellung sein.

① Nehmen Sie Ihren Lebenslauf zur Hand und prüfen Sie, ob es dort „Brüche“ gibt. (So könnte Gesa Gutsmuts im Gespräch darauf eingehen, warum sie vom Gymnasium auf die Realschule gewechselt hat.)

Familienverhältnisse interessieren häufig (Eltern, Geschwister), private Interessen können ebenso erwähnt werden.
Wichtig ist die eigene Vorstellung vom Beruf und eventuell ein Ausblick in die Zukunft.

② Entwerfen Sie schriftlich eine Selbstvorstellung in Stichpunkten. Achten Sie darauf, dass Sie die Stichpunkte in der Rede in einen Zusammenhang bringen können. Eine mündliche Wiederholung des tabellarischen Lebenslaufs ist nicht erwünscht.

③ Bereiten Sie sich schriftlich und in Stichpunkten auf die Frage nach der bisherigen Tätigkeit vor. Ergänzen Sie diesen Teil durch Notizen, die einen Ausblick auf Ihre zukünftigen beruflichen Vorstellungen geben.

Ist das Gespräch mit dem Arbeitgeber so weit gediehen, wird dieser Ihnen früher oder später etwas von der erwarteten Tätigkeit, der Praxis, den Patienten oder anderem aus dem beruflichen Feld erzählen. Hier ist dann Raum für Fragen, die Sie an den Arbeitgeber richten können (Ausstattung der Praxis, Verteilung der Verantwortlichkeiten im Team, Arbeitszeiten u. a.). Wichtig ist aber, dass Sie Ihrem Gegenüber richtig zuhören, sodass Sie keine Fragen stellen, die der Arbeitgeber bereits von sich aus beantwortet hat.

④ Entwickeln Sie bereits im Vorfeld einige Fragen an den Arbeitgeber.

Eine Anmerkung zum Schluss: Sie dürfen durchaus die Frage nach dem Gehalt stellen, auch dazu sollten Sie vorher eine realistische Vorstellung von der Höhe entwickeln. Es hängt vom Verlauf des Gesprächs ab, wann dieses Thema aufgegriffen werden kann. Man sollte aber nicht mit der Tür ins Haus fallen.

Rollenspiel

① Jeweils zwei Partnerinnen finden sich zusammen und tauschen die Bewerbungsschreiben sowie die tabellarischen Lebensläufe aus.

Partnerin A (Arbeitgeberin)

- Sie haben zehn Minuten Zeit die Unterlagen zu studieren.
- Sie begrüßen Partnerin B als Bewerberin und bitten sie zu einem Platz. Erklären Sie, warum Ihnen die Bewerbung gefallen hat.
- Bitten Sie Partnerin B entweder
  ihren Lebenslauf oder
  ihre Erwartungen an die neue Tätigkeit oder
  ihre Interessen darzustellen.
- Sie führen Partnerin B durch die imaginäre Praxis und gehen auf ihre Fragen ein.
- Fragen Sie, falls es noch nicht angesprochen wurde, nach den Gehaltsvorstellungen und der Überstundenbereitschaft.
- Verabschieden Sie Partnerin B in verbindlicher Form.

Partnerin B (Bewerberin)

- Gehen Sie auf die Fragen und Aufforderungen von Partnerin A so offen wie möglich ein, aber achten Sie darauf, dass das Gespräch in einem formalen Rahmen bleibt.
- Bei der Praxisführung können Sie Ihre Fragen stellen. Bekunden Sie Ihr Interesse an der Arbeitsstelle, indem Sie z. B. die Organisation, die Weite des Tätigkeitsbereiches oder anderes positiv beurteilen.
- Fragen Sie an passender Stelle nach der Urlaubsregelung.

② Ist das Rollenspiel zu Ende, überlegt und begründet Partnerin A vor der Klasse, ob sie diese Bewerberin einstellen würde oder nicht. Partnerin B überlegt und begründet, ob sie die angebotene Stelle tatsächlich antreten würde.

Literarische Texte aus der Welt der Medizin

Ausschnitt aus einem Roman

Jerome K. Jerome: „3 Männer im Boot … ganz zu schweigen vom Hund“

*Jerome K. Jerome: *1859, † 1927*

Ich weiß noch, wie ich einmal in die Bibliothek des Britischen Museums ging um etwas über die Behandlung einer Unpässlichkeit nachzuschlagen, die gelegentlich bei mir auftrat – Heuschnupfen war es, glaube ich. Ich holte mir ein passendes Buch herunter und las alles über Heuschnupfen, was es dort gab. Doch dann blätterte ich unüberlegt weiter und begann sorglos mich über Krankheiten zu informieren, ganz allgemein. Ich weiß nicht mehr, auf welche Krankheit ich zuerst stieß – es war irgendeine schreckliche verheerende Seuche –, aber noch bevor ich die Übersicht der Frühsymptome halb durch hatte, war mir klar, dass ich recht und schlecht davon befallen war.

Eine Weile war ich vor Schreck wie erstarrt, dann blätterte ich mit der Apathie des Hoffnungslosen weiter. Ich stieß auf Typhus, las die Symptome und erkannte, dass ich seit Monaten daran litt ohne es auch nur zu ahnen. Jetzt wurde ich neugierig, was ich sonst noch hatte. Ich schlug bei Veitstanz nach, stellte erwartungsgemäß fest, dass ich davon auch befallen war, und entwickelte jetzt echtes Interesse an meinem Fall. Ich beschloss ihn bis zum Grund auszuloten und machte mich alphabetisch daran. Ich begann bei Abasie, begriff, dass ich davon befallen war, dass aber das akute Stadium erst in rund vierzehn Tagen erreicht sein würde. Blausucht hatte ich zu meiner Erleichterung nur in einer abgemilderten Form, mit der ich noch jahrelang würde leben können. Die Cholera trat bei mir jedoch mit schweren Komplikationen auf und mit Diphtherie schien ich bereits geboren zu sein. Ich arbeitete mich gewissenhaft durch die sechsundzwanzig Buchstaben und kam zu dem Schluss, dass mir als Einziges ein Tennisarm fehlte. […]

Als glücklicher, gesunder Mann war ich in den Lesesaal gekommen, als klappriges Wrack kroch ich hinaus.

Jerome K. Jerome: 3 Männer im Boot …, Haffmans Verlag, Zürich 1996

① Welche Krankheiten meint der Erzähler zu haben? Schlagen Sie in Ihrem Fachbuch bzw. Fachwörterbuch die wichtigsten Symptome nach.

② Kennen Sie ähnliche Reaktionen aus Ihrem persönlichen Umfeld?

③ Stellen Sie sich vor, der Erzähler meldet sich bei Ihnen als Patient an.

a) Beruhigen Sie ihn.

b) Melden Sie ihn bei Ihrem Arbeitgeber an.

c) Erzählen Sie unter Wahrung der Persönlichkeitsrechte einer Freundin von diesem Patienten.

④ In demselben Roman verschreibt ein befreundeter Arzt dem Erzähler folgendes Rezept:

1 Pfund Beefsteak und 1/2 Liter Bier alle 6 Stunden;
1 Zehn-Meilen-Spaziergang jeden Morgen;
1 Bett jeden Abend pünktlich um 11 Uhr.
Und stopf dir den Kopf nicht mit Sachen voll, von denen du nichts verstehst.

Ohne das Rezept gelesen zu haben trägt der Erzähler es zum Apotheker.

Welche Szene könnte sich in der Apotheke abspielen?

Hans Fallada
Kleiner Mann – was nun?

*Hans Fallada, *1893, † 1947, schrieb seinen wohl bekanntesten Roman „Kleiner Mann – was nun?" 1932. Im Mittelpunkt stehen Johannes Pinneberg und seine Freundin (später Frau) Emma, die er „Lämmchen" nennt. Zu Beginn des Romans haben beide einen Termin bei Frauenarzt Dr. Sesam.*

Um die Ecke weht Lämmchen, im plissierten weißen Rock, der Rohseidenbluse, ohne Hut, die blonden Haare verweht. „Tag, Junge. Es ging wirklich nicht eher. Böse?"
„Keine Spur. Nur, wir werden endlos sitzen müssen. Es sind mindestens dreißig Leute reingegangen, seit ich warte."
„Sie werden ja nicht alle zum Doktor gegangen sein. Und dann sind wir ja angemeldet."
„Siehst du, dass es richtig war, dass wir uns angemeldet haben!"
„Natürlich war es richtig. Du hast ja immer Recht, Junge!"
Und auf der Treppe nimmt sie seinen Kopf zwischen die Hände und küsst ihn stürmisch. „O Gott, bin ich glücklich, dass ich dich wieder habe, Junge. Denke doch, beinahe vierzehn Tage!"
„Ja, Lämmchen", antwortet er. „Ich bin auch nicht mehr brummig."
Die Tür geht auf und im halbdunklen Flur steht ein weißer Schemen vor ihnen, bellt: „Die Krankenscheine!"
„Lassen Sie einen doch erst mal rein", sagt Pinneberg und schiebt Lämmchen vor sich her. „Übrigens sind wir privat. Ich bin angemeldet. Pinneberg ist mein Name."
Auf das Wort „Privat" hin hebt der Schemen die Hand und schaltet das Licht auf dem Flur ein. „Herr Doktor kommt sofort. Einen Augenblick, bitte. Bitte, dort hinein."
Sie gehen auf die Tür zu und kommen an einer andern, halb offen stehenden vorbei. Das ist wohl das gewöhnliche Wartezimmer und in ihm scheinen die dreißig zu sitzen, die Pinneberg an sich vorbeikommen sah. Alles schaut auf die beiden und ein Stimmengewirr erhebt sich:
„So was gibt's nicht!"
„Wir warten schon länger!"
„Wozu zahlen wir unsere Kassenbeiträge?!"
„Die feinen Pinkels sind auch nicht mehr wie wir."
Die Schwester tritt in die Tür: „Seien Sie man bloß ruhig! Herr Doktor wird ja gestört! Was Sie denken, ist nicht. Das ist der Schwiegersohn von Herrn Doktor mit seiner Frau. Nicht wahr?"
Pinneberg lächelt geschmeichelt, Lämmchen strebt der andern Tür zu.
Einen Augenblick ist Stille.
„Nu bloß schnell!", flüstert die Schwester und schiebt Pinneberg vor sich her. „Diese Kassenpatienten sind zu gewöhnlich. Was die Leute sich einbilden für das bisschen Geld, das die Kasse zahlt ..."
Die Tür fällt zu, der Junge und Lämmchen sind im roten Plüsch.
„Das ist sicher sein Privatsalon", sagt Pinneberg. „Wie gefällt dir das? Schrecklich altmodisch, find ich."
„Mir war es grässlich", sagt Lämmchen. „Wir sind doch sonst auch Kassenpatienten. Da hört man mal, wie die beim Arzt über uns reden."
„Warum regst du dich auf?", fragte er. „Das ist doch so. Mit uns kleinen Leuten machen sie, was sie wollen ..."

Hans Fallada: Kleiner Mann – was nun?, Aufbau-Verlag, Berlin 1994

① Hier werden große Unterschiede zwischen Privat- und Kassenpatienten gemacht. Worin bestehen sie?

② Später berichtet Lämmchen einer Freundin davon. Spielen Sie das Gespräch.

Hans Fallada: Kleiner Mann – was nun? *Fortsetzung*

„Ich bitte", sagt eine Stimme. In der Tür steht Doktor Sesam, der berühmte Doktor Sesam, von dem die halbe Stadt und die viertel Provinz flüstert, dass er ein weites Herz hat, manche sagen auch, ein gutes Herz. Jedenfalls hat er eine volkstümliche Broschüre über sexuelle Probleme verfasst, und darum hat Pinneberg den Mut gehabt ihm zu schreiben und sich und Lämmchen anzumelden.
Dieser Doktor Sesam steht also in der Tür und sagt: „Ich bitte."
Doktor Sesam sucht auf seinem Schreibtisch nach dem Brief. „Sie haben mir geschrieben, Herr Pinneberg. Sie können noch keine Kinder brauchen, weil das Geld nicht reicht."
„Ja", sagt Pinneberg und ist schrecklich verlegen.
„Machen Sie sich immer schon ein bisschen frei", sagt der Arzt zu Lämmchen und fährt dann fort: „Und nun möchten Sie einen ganz sicheren Schutz wissen. Ja, einen ganz sicheren ..." Er lächelt skeptisch hinter seiner goldenen Brille.
„Ich habe in Ihrem Buch gelesen", sagt Pinneberg, „diese Pessoirs ..."

„Diese Pessare", sagt der Arzt, „ja, aber sie passen nicht für jede Frau. Und dann ist es immer etwas umständlich. Ob Ihre Frau das Geschick hat …"
Er sieht zu ihr hoch. Sie hat sich ein bisschen ausgezogen, nur so angefangen, die Bluse und den Rock. Mit ihren schlanken Beinen steht sie sehr groß da.
„Nun gehen wir mal rüber", sagt der Arzt. „Die Bluse hätten wir nun dazu nicht auszuziehen brauchen, kleine Frau."
Lämmchen wird ganz rot.
„Jetzt lassen Sie sie schon liegen. Kommen Sie. Einen Augenblick, Herr Pinneberg."
Die beiden gehen in das Nebenzimmer. Pinneberg sieht ihnen nach. Der ganze Doktor Sesam reicht der ‚kleinen jungen Frau' nicht bis an die Schultern. Pinneberg findet wieder, sie sieht herrlich aus, das beste Mädchen von der Welt, das einzige überhaupt. Er arbeitet in Ducherow und sie hier in Platz, er sieht sie höchstens alle vierzehn Tage und so ist sein Entzücken immer frisch und sein Appetit über alles Begreifen.
Nebenan hört er den Arzt ab und zu halblaut etwas fragen, gegen einen Schalenrand klappert ein Instrument, das Geräusch kennt er vom Zahnarzt, es ist kein angenehmes Geräusch.
Nun fährt er zusammen, diese Stimme von Lämmchen kennt er noch nicht – sie sagt ganz laut, fast schreiend, sehr hell: „Nein, nein, nein!"
Und noch einmal: „Nein!" Und dann ganz leise, aber er hört es doch: „O Gott!"
Pinneberg macht drei Schritte gegen die Tür – was ist das? Was kann da sein? Man hat schon gehört, dass solche Ärzte schreckliche Wüstlinge sind … Aber nun spricht Doktor Sesam wieder, nichts zu verstehen, und nun klappert wieder das Instrument.
Und dann lange Stille.
Es ist ein Hochsommertag, etwa Mitte Juli, herrlichster Sonnenschein. Der Himmel draußen ist dunkelblau, ins Fenster reichen ein paar Zweige, sie bewegen sich im Seewind. Da ist ein altes Lied aus Pinnebergs Kinderzeit, es fällt ihm eben ein:

Wehe-Wind, Puste-Wind,
Nimm den Hut nicht meinem Kind!
Sei gelind zu meinem Kind,
Wehe-Wind, Puste-Wind!

Die im Wartezimmer reden. Denen wird die Zeit auch lang. Eure Sorgen möcht ich haben. Eure Sorgen …
Die beiden kommen wieder. Pinneberg wirft einen ängstlichen Blick auf Lämmchen, sie hat so große Augen, wie von einem Schreck erweitert. Sie ist blass, aber nun lächelt sie ihm zu, kümmerlich erst, und dann breitet sich das Lächeln voll aus über das ganze Gesicht und wird immer stärker und blüht auf … Der Arzt steht in der Ecke, er wäscht sich die Hände. Schräg schaut er hinüber zu Pinneberg. Dann sagt er eilig: „Ein bisschen zu spät, Herr Pinneberg, mit der Verhütung. Die Tür ist zu. Ich denke Anfang des zweiten Monats."
Pinneberg ist ohne Atem. Das war wie ein Schlag. Dann sagt er hastig: „Herr Doktor, es ist doch unmöglich! Wir haben so aufgepasst! Ganz unmöglich ist das. Sag doch selbst, Lämmchen …"
„Junge!", sagt sie. „Junge …"
„Es ist so", sagt der Arzt. „Irrtum ausgeschlossen. Und glauben Sie mir, Herr Pinneberg, ein Kind ist für jede Ehe gut."
„Herr Doktor", sagt Pinneberg und seine Lippe zittert. „Herr Doktor, ich verdiene im Monat hundertachtzig Mark! Ich bitte Sie, Herr Doktor!"
Doktor Sesam sieht schrecklich müde aus. Was jetzt kommt, das kennt er, das hört er an jedem Tag dreißigmal.
„Nein", sagt er. „Nein. Bitten Sie mich erst gar nicht darum. Kommt überhaupt nicht in Frage. Sie sind beide gesund. Und Ihr Einkommen ist gar nicht schlecht. Gar – nicht – schlecht."
„Herr Doktor!", sagt Pinneberg fieberhaft.
Hinter ihm steht Lämmchen und streicht ihm über die Haare: „Lass, Junge, lass! Es wird schon gehen."
„Aber es ist ganz unmöglich …", bricht Pinneberg aus – und wird still. Die Schwester ist hereingekommen.
„Herr Doktor werden am Apparat verlangt."
„Sie sehen", sagt der Arzt. „Passen Sie auf, Sie freuen sich noch. Und wenn das Kind da ist, kommen Sie sofort zu mir. Dann machen wir das mit der Verhütung. Verlassen Sie sich nicht aufs Nähren. Also denn … Mut, junge Frau!"
Er schüttelt Lämmchen die Hand.

ebenda

① Gliedern Sie den Text und geben Sie jedem Abschnitt eine Überschrift.

② Unterstreichen Sie im Text alle Stellen, die etwas über Pinneberg aussagen.

③ Beantworten Sie folgende Fragen:

a) Weshalb ist Pinneberg gekommen?

b) Wie steht er zu Lämmchen?

④ Was soll wohl das Kinderlied ausdrücken?

⑤ Was geht während dieser Szene in Lämmchen vor?

Norbert Johannimloh
„Roggenkämper macht Geschichten“

*Norbert Johannimloh, *1930, lebt in Münster*

… Als Roggenkämper nach drei Tagen wieder die Praxis von Dr. Niggemann betrat, war da aus den Lautsprechern erneut eine befremdliche Musik zu hören. Wieder ein Requiem[1]! Diesmal nicht von Brahms, sondern von Mozart. Also nicht so düster-verhangen, aber doch auch recht melancholisch. Eben ein Requiem! Roggenkämper wunderte sich darüber schon nicht mehr sonderlich, bekam aber sehr bald Grund zu neuer Verblüffung, als Dr. Niggemann nämlich gleich nach der Begrüßung sagte: „Die Hosen runter, bitte!“
„Wie bitte?“
„Die Hosen runter! Ich will Ihnen eine Spritze geben.“
„Was für eine Spritze? Wollen Sie mir nicht erst mal das Ergebnis der Untersuchungen mitteilen, bevor Sie mit der Therapie beginnen?“
„Hat nichts mit Therapie zu tun. Ist nur eine Beruhigungsspritze.“
„Wozu denn das?“
„Werden Sie gleich erfahren.“
Dr. Niggemann hielt die Spritze in erhobener Hand und Roggenkämper fügte sich und hielt ihm den nackten Hintern hin. „Dafür sind die Podex-Backen wie geschaffen. So, das

hätten wir. Nun können wir zur Sache kommen. Wenn Sie bitte hier am Schreibtisch Platz nehmen wollen!“ Er schaltete eine Leuchttafel ein, stellte eine Röntgenaufnahme davor und sagte: „Ich will Sie nicht lange auf die Folter spannen. Die Diagnose ist klar: Krebs.“
„Krebs?“
„Ja, Magenkrebs.“
„Und das sagen Sie mir am helllichten Tage einfach so ins Gesicht, als ob ich nur einen kleinen Schnupfen hätte?“
„Langes Drumherumreden kann an der Sache nichts ändern und macht die Sache auch nicht leichter. Der Wahrheit fest ins Auge zu schauen, das ist immer noch der beste Modus vivendi[2].“
„Sie haben gut reden. Aber sagen Sie, welches Krankenhaus ist denn für diesen Fall zu empfehlen? Wo sitzt der beste Chirurg für Magensachen? – Oder sollte ich damit besser in die Universitätsklinik gehen?“
„Darüber brauchen Sie sich den Kopf nicht mehr zu zerbrechen. Das Ganze ist inoperabel.“
„Wie das? Magenkrebs wird laufend erfolgreich operiert.“
„Nicht jeder.“
„Und was soll an meinem Krebs so Besonderes sein, dass er nicht operiert werden kann?“
„Es ist zu spät. Der Krebs ist zu weit fortgeschritten. Es handelt sich nicht nur um eine Stelle in der Magenwand, die man leicht herausschneiden könnte. Der Magen ist rundum befallen. Man müsste ihn total herausnehmen. Nur, ganz ohne Magen lebt es sich schlecht.“
„Aber das kann doch nicht sein! Ich war doch eigentlich noch gar nicht richtig krank. Ich habe alles essen können, nach Herzenslust! Dicke Bohnen mit Speck und solche Sachen. Hab mich nur ein bisschen schlapp und unwohl gefühlt. Und kleine Rülpser nach dem Essen, das ist doch nichts Ungewöhnliches. Und jetzt soll ich auf einmal Krebs haben und der soll auch schon so weit fortgeschritten sein, dass eine Operation nicht mehr möglich ist?“
„Das ist das Heimtückische an dieser Krankheit, dass der Betroffene sie oft erst merkt, wenn es schon zu spät ist.“
„Und in meinem Fall ist es zweifelsfrei zu spät?“
„So ist es. Definitiv zu spät!“
„Wissen Sie eigentlich, was Sie mir da so einfach ins Gesicht sagen?“
„Ich denke schon.“

„Soso, Sie denken. Haben Sie auch daran gedacht, was das für mich bedeutet?"

„Ja, sicher! Sie müssen sich darauf einstellen, dass Sie nicht mehr sehr lange zu leben haben. Hätte ich Ihnen das verschweigen sollen? Es nützt doch nichts, den Kopf in den Sand zu stecken. Im Übrigen ist das Wissen um den bevorstehenden Tod gar nichts Negatives. Das alltägliche Leben wird leicht schal und fad und langweilig, wenn der Tod erst in einer ungewiss fernen Zukunft zu erwarten ist. Nur wer dem Knochenmann zeitig in die tiefen Augenhöhlen schaut, ist in der Lage das Leben in seinen vielfältigen Möglichkeiten voll auszukosten. Das letzte Jahr des Lebens kann reicher sein als alle vorhergehenden Jahre zusammengerechnet, wenn einer weiß, dass es sein letztes Jahr ist. Der Tod ist die Würze des Lebens. Sie können mir also auch ein bisschen dankbar dafür sein, dass ich Ihnen klaren Wein einschenke."

…

„Wie lange noch?"

„Kein Grund zur Panik", sagte Dr. Niggemann geschäftsmäßig. „Nach den Blutwerten und nach dem Röntgenbild zu urteilen, handelt es sich wahrscheinlich um ein Karzinom, das relativ langsam fortschreitet. Ein Jahr haben Sie sicher noch Zeit. Da können Sie noch etliche Portionen dicke Bohnen mit Speck verzehren. Und wenn das Essen nicht mehr schmeckt, bleibt ja immer noch das Trinken. Ein guter Tropfen kann ein Genuss sein bis zuletzt. Und vielleicht findet sich ja auch sonst noch dies oder das, worauf Sie immer schon scharf waren, was Sie sich aber aus Rücksichtnahme versagt haben. Carpe diem![3] Rücksicht kann man von Ihnen in dieser Lage nicht mehr erwarten. Es kommt die Zeit der großen Freiheit."

Roggenkämper blickte unverwandt zum Fenster hinaus. Dr. Niggemann versuchte seine Gedanken zu erraten: „Vor Schmerzen brauchen Sie keine Angst zu haben. Es gibt heute ganz hervorragende Schmerzmittel. Und wenn man auf die Nebenwirkungen keine Rücksicht mehr nehmen muss, kann die Dosierung so bemessen werden, dass auch ein schmerzloses Ende gesichert ist. Die Aussichten sind also gar nicht so schlecht, sozusagen."

„Natürlich wird es auch dunkle Tage geben mit düsterer Schwermut und tiefer Depression", fuhr Dr. Niggemann fort. „Aber auch dagegen gibt es wirksame Mittel. Ich verschreibe Ihnen rosane Pillen, die Ihnen jeden Tag Sonnenschein bringen. Und wenn es doch mal Regen geben sollte, bescheren sie Ihnen einen wunderschönen Regenbogen, der den flachen, grauen Erwartungshorizont sich hoch aufwölben und in allen Farben schimmern lässt. Am besten nehmen Sie die Pillen über den ganzen Tag verteilt. Morgens, mittags und abends eine! – Oder auch zwei oder drei! Es kommt nicht so darauf an. Sie brauchen keine Rücksicht zu nehmen. Ist ja nicht mehr viel zu verderben. Große Freiheit Nummer dreizehn!"

„Sie brauchen sich nicht weiter zu bemühen", sagte Roggenkämper tonlos. „Es genügt, wenn Sie mir die wundertätigen Pillen aufschreiben."

Mit dem Rezept in der Hand verließ Roggenkämper wie betäubt das Sprechzimmer und die Praxis. Aus dem Lautsprecher schallte es hinter ihm drein: „Per omnia saecula saeculorum."[4]

In seinen Ohren summte es noch lange nach: „Amen. Amen."

Norbert Johannimloh: Roggenkämper macht Geschichten, Haffmans Verlag, Zürich 1996

1 Requiem: *katholische Totenmesse*
2 Modus vivendi: *erträgliche Form des Lebens*
3 Carpe diem: *Nutze den Tag*
4 Omnia saecula saeculorum: *wörtlich: durch die Jahrhunderte der Jahrhunderte; frei: von Ewigkeit zu Ewigkeit*

① Mit welchen Argumenten versucht der Arzt Roggenkämper zu „trösten"?

a) Schreiben Sie die Kernargumente des Arztes heraus.

b) Erörtern Sie ein Argument.

② Stellen Sie sich vor, Sie müssten einem Patienten eine schlechte Nachricht mitteilen. Schreiben Sie einen Gesprächsverlauf.

③ Welche Bedeutung hat die Musik in diesem Textabschnitt?

- Vorschau auf die folgende Diagnose;
- Vorschau auf das, was weiterhin geschehen wird.

④ Nach diesem „Schock" verlässt Roggenkämper die Praxis von Dr. Niggemann. Schreiben Sie einen möglichen Handlungsfortgang; entweder

a) aus Sicht von Roggenkämper oder

b) aus Sicht des allwissenden Erzählers.

Thomas Mann
Buddenbrooks. Der Verfall einer Familie

*Thomas Mann, * 1875, † 1955, verfasste den Roman bereits 1901. Er erhielt 1929 dafür den Literaturnobelpreis. Thema des Romans ist, wie der Untertitel es nennt, der Verfall der Kaufmannsfamilie Buddenbrook im Lübeck des 19. Jahrhunderts. Die Ereignisse des abgedruckten Ausschnitts spielen etwa im Jahre 1867. Eine individuelle und differenzierte Schmerzbehandlung war damals noch nicht bekannt.*

Hanno's Gesundheit war immer zart gewesen. Besonders seine Zähne hatten von jeher die Ursache von mancherlei schmerzhaften Störungen und Beschwerden ausgemacht. Das Hervorbrechen der Milchzähne mit seiner Gefolgschaft von Fieber und Krämpfen hatte ihn beinah das Leben gekostet, und dann hatte sein Zahnfleisch stets zur Entzündung und zur Bildung von Geschwüren geneigt, die Mamsell Jungmann, wenn sie reif waren, mit einer Stecknadel zu öffnen pflegte. Jetzt, zur Zeit des Zahnwechsels, waren die Leiden noch größer. Schmerzen kamen, die fast über Hanno's Kräfte gingen, und schlaflos, unter leisem Stöhnen und Weinen in einem matten Fieber, das keine andere Ursache als eben den Schmerz hatte, verbrachte er ganze Nächte. Die Zähne, die äußerlich so schön und weiß wie die seiner Mutter, dabei aber außerordentlich weich und verletzlich waren, wuchsen falsch, sie bedrängten einander, und damit allen diesen Übelständen gesteuert würde, mußte der kleine Johann einen furchtbaren Menschen in sein junges Leben eintreten sehen: Herrn Brecht, den Zahnarzt Brecht in der Mühlenstraße …

Schon der Name dieses Menschen gemahnte gräßlich an jenes Geräusch, das im Kiefer entsteht, wenn mit Ziehen, Drehen und Heben die Wurzeln eines Zahnes herausgebrochen werden, und ließ Hanno's Herz sich in der Angst zusammenziehen, die er erlitt, wenn er, gegenüber der treuen Ida Jungmann, im Wartezimmer des Herrn Brecht in einem Lehnstuhl kauerte und, während er die scharf riechende Luft dieser Räumlichkeiten atmete, illustrierte Journale besah, bis der Zahnarzt mit seinem ebenso höflichen wie grauenerregenden „Bitte“ in der Tür des Operationszimmers erschien …

Eine Anziehungskraft, einen seltsamen Reiz besaß dieses Wartezimmer, und das war ein stattlicher bunter Papagei mit giftigen kleinen Augen, der in einem Winkel inmitten eines Messingbauers saß und aus unbekannten Gründen Josephus hieß. Mit der Stimme eines wütenden alten Weibes pflegte er zu sagen: „Nehmen Sie Platz … Einen Momang …“, und obgleich dies unter den obwaltenden Umständen wie ein abscheulicher Hohn klang, war Hanno Buddenbrook ihm mit einem Gemisch von Liebe und Grauen zugetan. Ein Papagei … ein großer, bunter Vogel, welcher Josephus hieß und reden konnte! War er nicht wie entwischt aus einem Zauberwalde, aus einem der Grimm'schen Märchen, die Ida zu Hause vorlas? … Auch das „Bitte“, mit dem Herr Brecht die Tür öffnete, wiederholte Josephus aufs eindringlichste, und so geschah es, daß man seltsamerweise lachend das Operationszimmer betrat und sich auf den großen, unheimlich konstruierten Stuhl am Fenster setzte, neben dem die Tretmaschine stand.

Was Herrn Brecht persönlich betraf, so sah er ganz ähnlich aus wie Josephus, denn ebenso hart und krumm bog seine Nase sich auf den schwarz und grau melierten Schnurrbart hinab wie der Schnabel des Papageis. Das Schlimme aber, das eigentlich Entsetzliche an ihm bestand darin, daß er nervös und selbst den Qualen nicht gewachsen war, die zuzufügen sein Amt ihn zwang. „Wir müssen zur Extraktion schreiten, Fräulein“, sagte er zu Ida Jungmann und erblich. Dann, wenn Hanno in einem matten, kalten Schweiße und mit übergroßen Augen, unfähig zu protestieren, unfähig davonzulaufen, in einem Seelenzustand, der sich absolut durch nichts von dem eines hinzurichtenden Delinquenten unterschied, Herrn Brecht, die Zange im Ärmel, auf sich zukommen sah, so konnte er bemerken, daß auf der kahlen Stirn des Zahnarztes kleine Schweißtropfen perlten und daß sein Mund ebenfalls vor Angst verzogen war … Und wenn der abscheuliche Vorgang vorüber, wenn Hanno, bleich, zitternd, mit tränenden Augen und entstelltem Gesicht, sein Blut in die blaue Schale zur Seite spie, so mußte Herr Brecht einen Augenblick irgendwo Platz nehmen, sich die Stirn trocknen und ein wenig Wasser trinken …

Man versicherte dem kleinen Johann, daß dieser Mann ihm viel Gutes tue und ihn vor vielen noch größeren Schmerzen bewahre; aber wenn Hanno die Pein, die Herr Brecht ihm zufügte, mit dem positiven und und fühlbaren Vorteil verglich, den er ihm verdankte, so überwog die erstere zu sehr, als daß er nicht alle diese Besuche in der Mühlenstraße zu den schlimmsten aller unnützen Qualen hätte rechnen müssen. Im Hinblick auf die Weisheitszähne, die dermaleinst kommen würden, mußten vier Backenzähne, die soeben weiß, schön und noch vollkommen gesund herangewachsen waren, entfernt werden, und das nahm, da man das Kind nicht überanstrengen wollte, vier Wochen in Anspruch. Was für eine Zeit! Diese langgezogene Marter, in der schon die Angst vor dem Bevorstehenden wieder einsetzte, wenn noch die Erschöpfung nach dem Überstandenen herrschte, ging zu weit. Als der letzte Zahn gezogen war, lag Hanno acht Tage krank, und zwar aus reiner Ermattung.

Übrigens beeinflußten diese Zahnbeschwerden nicht nur seine Gemütsstimmung, sondern auch die Funktionen einzelner Organe. Die Behinderungen beim Kauen hatten immer wieder Verdauungsstörungen, ja auch Anfälle von gastrischem Fieber zur Folge, und diese Magenverstimmungen standen im Zusammenhange mit vorübergehenden Anfällen von verstärktem oder geschwächtem unregelmäßigem Herzschlag und Schwindelgefühlen. Bei alldem bestand unvermindert, ja verstärkt, das seltsame Leiden fort, das Doktor Grabow „pavor nocturnus“ nannte. Kaum eine Nacht verging, ohne daß der kleine Johann ein- oder zweimal emporfuhr und händeringend, mit allen Anzeichen der unerträglichsten Angst nach Hilfe oder Erbarmen rief, als stände er in Flammen, als wollte man ihn erwürgen, als geschähe etwas unsäglich Grauenhaftes… Am Morgen wußte er nichts mehr von allem. – Doktor Grabow suchte dieses Leiden mit einem abendlichen Trunk von Heidelbeersaft zu behandeln; allein das half gar nichts.

Th. Mann: Buddenbrooks, S. Fischer Verlag, Berlin 1901
Der Text wurde aus lizenzrechtlichen Gründen in alter Rechtschreibung wiedergegeben.

① Zum Textverständnis:

a) Was ist im Text unter einer „Tretmaschine“ zu verstehen?

b) Finden Sie einen anderen Ausdruck für „hinzurichtender Delinquent“?

c) Klären Sie durch ein Gespräch mit Ihrer Ausbilderin oder Ihrem Fachlehrer, was „gastrisches Fieber“ sein könnte.

d) Nennen Sie für den beschriebenen „pavor nocturnus“ einen anderen Ausdruck.

② Vergleichen Sie die Praxis Dr. Brechts mit einer modernen Zahnarztpraxis.

③ Stellen Sie die Zahnprobleme Hannos in der Liste zusammen (mit Zeilenangabe).

	Symptome	Zeile
Zahnen		
Milchzähne		
Zahnwechsel		

④ Klären Sie im Gespräch mit Ihrer Ausbilderin oder Ihrem Fachlehrer, ob ein solcher Verlauf der Zahnentwicklung mit den entsprechenden Symptomen möglich ist. Fragen Sie auch nach den möglichen Diagnosen, die Sie bitte notieren.

⑤ Verfassen Sie in Partnerarbeit mit diesen Informationen einen Krankenbericht, aus dem ein Arzt den bisherigen Verlauf der Krankheit(en) erkennen und gegebenenfalls Maßnahmen ergreifen könnte.

⑥ Vergleichen Sie:

a) H. Buddenbrooks Zahnung erwies sich als schmerzhaft und ging mit erhöhter Temperatur einher. Gleichzeitige Krämpfe führten zu einer lebensbedrohlichen Situation.

b) „Das Hervorbrechen der Milchzähne mit seiner Gefolgschaft von Fieber und Krämpfen hatte ihn beinah das Leben gekostet (…).“
Beide Textstellen wirken unterschiedlich. Beschreiben Sie diesen Unterschied, indem Sie die unterschiedliche Wortwahl charakterisieren.

⑦ Vergleichen Sie in ähnlicher Weise Ihren Arztbericht und den Textauszug.

⑧ Wie wirkt Hanno auf Sie?

Lyrik

Robert Gernhardt: Lichte Gedichte

*Robert Gernhardt, * 1937, Karikaturist, Maler und Schriftsteller, erlitt 1996 einen Herzinfarkt, infolge dessen ihm drei Bypässe gelegt wurden. Die Erfahrung dieser Erkrankung und Behandlung beschreibt er im Gedichtzyklus „Herz in Not“. (in: Lichte Gedichte, Haffmans Verlag, Zürich 1997)*
Der Zyklus besteht aus den zwei Hauptteilen „Prä-OP“ (vor der Operation) und „Post-OP“ (nach der Operation).

Er hört dem beleibten Arzt zu

Erzähl vom Verschleißen
Erzähl vom Verkalken
Erzähl vom Verengen
Erzähl vom Verschließen
Erzähl, was du willst,
nur erzähl du mir bitte
bitte nichts vom Verzichten

① Weshalb ist die Überschrift zu diesem Gedicht so wichtig?

Er schämt sich

Eigentlich peinlich,
diese Erkrankung.
Dem Herz eines Bankers
mag die ja entsprechen.
Doch das Herz eines Dichters
schmerzt beim Befund,
es leide an der „Managerkrankheit“.

② Weshalb ist Gernhardt diese Erkrankung peinlich?

Telefonseelsorge

„Du musst unters Messer?“	„Ich muss unters Messer.“
„Ich bin nicht der Erste.“	______
„Du Armer, wie schrecklich!“	______
„Ach, Unkraut vergeht nicht!“	______
„Mir geht das sehr nah, du!“	______
„Kopf hoch! Wird schon schiefgehn!“	______
So getröstet empfiehlt sich der Anrufer.	______

③ Auf die Sichtweise kommt es an:

a) Schreiben Sie das Gedicht so um, dass die beiden Rollen vertauscht sind.

b) Vergleichen Sie die Wirkung beider Texte.

9.6 Vortag: Ganzrasur

„Ich soll Sie rasieren."
Schon fallen die Haare
der Arme, der Beine,
der Achseln, der Brust,
der Leisten. Erleichtert
konstatierst du: Den Nacken
rasiert er dir nicht aus, dein Scherge.*

*Henkersknecht

(4) Beschreiben Sie mit Ihren Worten, welches Gefühl der Patient hat.

Vorfall zum ersten: Der Reanimierer erzählt

„Sie sind plötzlich umgekippt.
Zufällig noch in der Intensivstation.
Ich hatte zufällig
meinen Pacemaker dabei.
Sie waren einfach weg.
Ich hab Sie zweimal gepaced" –
lacht mein Programmierer und winkt mit der Fernbedienung.

(5) Die Wortwahl ist wichtig!

a) Was ist ein „Pacemaker"?

b) Erklären Sie, warum Gernhardt zweimal das Wort „zufällig" benutzt.

c) Wie wirkt dagegen der letzte Vers?

Vorfall zum vierten: Kränkung

Als ich den Freund,
der selber gern kränkelte,
anrief und ihm
en passant auch von meinem
Herzstillstand berichtete,
fragte der gekränkt:
„Was ist? Willst jetzt angeben?"

(6) Welches häufig anzutreffende Verhalten unter Patienten ist hier dargestellt?

Merksätze

Seite 10

M

Denken Sie immer daran, dass Sie einen **sozialen** Beruf gewählt haben und dass das Verhältnis zwischen Menschen stark von den ersten Sekunden des Kontaktes beeinflusst wird!

Seite 11

M

Beim Empfang von Schmerzpatienten muss beachtet werden:

1. Ich biete einen **Sitzplatz** an (damit die Patientin nicht stehen muss).
2. Ich lasse mir Art und Sitz der **Schmerzen** genau beschreiben.
3. Ich verspreche rasche **Hilfe**.
4. Ich gehe zu der Ärztin (dem Arzt) oder einer erfahrenen Kollegin, beschreibe **den Fall** und frage um **Rat**.

Seite 12

M

Die Rezeption ist auch für andere wichtige Besucher das „Aushängeschild“ einer Arztpraxis!

Seite 16

M

Fragen Sie unbedingt **vor** der Behandlung die Ärztin oder den Arzt um **Rat**, welche kommunikativen Aufgaben Sie während der Behandlung gegenüber dem Patienten erfüllen sollen. Sprechen Sie sich darüber auch mit Ihren **Kolleginnen** ab!

Seite 19

M

Die ärztliche Schweigepflicht verlangt, dass Ihre Telefongespräche mit Patienten von Dritten (z. B. anderen Patienten) nicht **mitgehört** werden können!

M

Gewöhnen Sie sich an, Ihren eigenen **Namen** grundsätzlich langsam und besonders **deutlich** auszusprechen!

Seite 24

M

Man sollte sich vor beruflichen Anrufen grundsätzlich darauf einstellen, dass sich am anderen Ende statt eines echten Gesprächspartners ein **Anrufbeantworter** melden könnte, und seinen Anruf entsprechend gründlich vorbereiten.

Seite 27

M

Wenn Ihnen während des Telefonats wichtige Angaben, die Sie für Ihre Telefonnotiz oder ihre Hausbesuch-Anforderung benötigen, entgangen sind, so müssen Sie unbedingt höflich **rückfragen**; sollten Sie z. B. Personen- oder Ortsnamen nicht genau verstanden haben, so müssen Sie sich diese **buchstabieren** lassen!

Seite 33

Die wichtigste Verhaltensregel in einer Diskussion ist **Sachlichkeit**. Sich sachlich verhalten heißt: **vorurteilsfrei, unparteiisch unvoreingenommen, objektiv, kompromissfähig, vermittelnd sein**.

Seite 36

Die eigene Meinung darstellen und begründen, damit sie von anderen Gesprächspartnern übernommen wird, nennt man **Argumentieren** – Begründungen für die eigene Meinung heißen also **Argumente**.

Argumentieren muss man können um andere Menschen von seinen eigenen **Vorschlägen** oder **Behauptungen** zu überzeugen.

Seite 37

Eine Argumentation, bei der zuerst die Begründung genannt wird und dann die Behauptung oder der Vorschlag folgt, heißt deswegen **Folgerung** (oder auch Schluss**folgerung**), diese Art des Argumentierens nennt man entsprechend **folgern**.

Seite 38

Wörter, mit denen sich Sätze oder Satzteile miteinander **verbinden** lassen, nennt man deswegen auch **Bindewörter** (Fachausdruck: Konjunktionen).

Seite 39

Weil durch **Bindewörter** (Fachausdruck: **Konjunktionen**) der gedankliche Zusammenhang zwischen **Sätzen** oder Satzteilen häufig **deutlicher** wird, helfen sie beim **Argumentieren** und **Überzeugen**. **Deswegen** sollten sie beim Diskutieren möglichst **oft** verwendet werden.

Seite 40

Behauptungen, die man nicht begründen kann, nennt man **Vorurteile**. Sie sind **ungeeignete** Argumente!

Seite 42

Mit einem Einleitungssatz sagen Sie, auf welchen Teil der Diskussion oder auf welchen Diskussionsbeitrag Sie sich beziehen wollen. Diesen Teil Ihrer Äußerung nennt man daher auch den **Bezug**.

Mit einem Schlusssatz fassen Sie noch einmal Ihre Behauptung, Ihren Vorschlag oder Ihre Meinung ganz kurz zusammen. Dieser Teil Ihrer Äußerung heißt entsprechend **Zusammenfassung**.

Seite 46

Ein **sorgfältig** verfasstes Besprechungsprotokoll ist häufig die Voraussetzung dafür, dass alle Beschlüsse auch wirklich **durchgeführt und eingehalten** werden.

Seite 47

M

Sprachregeln haben den Sinn, eine reibungslose Kommunikation zwischen den Menschen zu ermöglichen bzw. zu unterstützen. Sie erklären den grammatisch richtigen Gebrauch der Gegenwartssprache. Sprachregeln sind allgemein gültig und für alle Mitglieder der jeweiligen Sprachengemeinschaft mehr oder weniger verbindlich.

Seite 62

M

Die drei Literaturgattungen

a) **Lyrik** sind Texte, die aus Versen bestehen; Verse sind Textzeilen, bei denen der Zeilenumbruch (das Ende der geschriebenen Zeile) nicht durch den rechten Blattrand, sondern durch den Willen der Autorin oder des Autors erzwungen wird. (Verse können, müssen sich aber nicht reimen!)

b) **Dramatik** sind Texte, die hauptsächlich aus der wörtlichen Rede in verteilten Rollen (manchmal auch nur einer Rolle) bestehen und die dafür gedacht sind, gespielt zu werden. (Ein dramatischer Text muss also nicht etwa „traurig" oder „ergreifend" sein, wie das Wort „dramatisch" auch manchmal verstanden wird – auch der Text für eine Theaterkomödie oder das Drehbuch für einen lustigen Film sind dramatische Texte!)

c) **Prosa** sind solche Texte, für die weder a) noch b) gilt, bei denen sich also wörtliche Rede und Beschreibungen abwechseln und bei denen sich der Zeilenumbruch vor allem durch den rechten Blattrand ergibt. Solche Texte sind also „hintereinanderweg geschrieben".

Seite 64

M

Eine „Sache", die man als Außenstehender betrachtet, wird als **Objek**t bezeichnet. Ein Text, bei dem ganz die Sache im Vordergrund steht, ist deswegen **objektiv**. – Der Betrachter (die Betrachterin) wird demgegenüber auch als **Subjekt** bezeichnet. Daher ist ein Text, der persönliche Meinungen und Wertungen enthält, **subjektiv**.

Seite 65

M

Sachtexte sollten so **objektiv** wie möglich abgefasst werden.

Seite 70

M

Für das Äußere von Geschäftsbriefen gelten die nachfolgenden allgemeinen Regeln:

a) **Papier:** Einen Geschäftsbrief schreibt man auf ungelochtes, unliniertes, weißes Papier im Format DIN A4.

b) **Ränder:** Ein Geschäftsbrief hat an allen 4 Kanten einen **Rand** von ungefähr 2,5 cm. (Der untere Rand darf etwas schmaler sein, wenn der Platz sonst nicht reicht.)

c) **Zeilenausrichtung:** Sämtliche Zeilen eines Geschäftsbriefes (mit Ausnahme von Absendeort/-datum), also einschließlich Betreffzeile und Unterschrift, sind linksbündig. (Sehen Sie sich dazu den auf Seite 72 abgedruckten Geschäftsbrief an.)

d) **Leerzeilen:** Ein Geschäftsbrief wird durch Leerzeilen gegliedert. Dabei stehen immer zwei Leerzeilen zwischen **den formalen Teilen des Briefes**, aber immer **eine** Leerzeile innerhalb **des eigentlichen Brieftextes**. (Sehen Sie sich dazu den auf Seite 72 abgedruckten Geschäftsbrief an.)

e) **Anredepronomen (Anredefürwort):** Das Anredepronomen „Sie" wird in allen Formen (also auch „Ihr" und „Ihnen") **großgeschrieben**: z. B. „Wir möchten **Sie** davon unterrichten, dass wir **Ihre** Rechnung erst jetzt erhielten und **Ihnen** daher den Rechnungsbetrag nicht früher überweisen konnten."

Seite 73

Der Inhalt von Geschäftsbriefen besteht häufig aus drei Absätzen:

1. Absatz: **Situation**
2. Absatz: **Problem**
3. Absatz: **Aufforderung**

M

Seite 81

Zu einer vollständigen schriftlichen Bewerbung gehören:

- das **Anschreiben**, in dem steht, weshalb man sich bewirbt und für geeignet hält,
- ein tabellarischer **Lebenslauf**,
- ein **Bewerbungsfoto**,das nicht aus dem Automaten, sondern aus einem Fotostudio stammen sollte,
- **Zeugnisse** in Kopie (Arbeitgeber, Examen, Schule), nach Datum sortiert. Das neueste liegt jeweils oben.

M

Lösungen

Seite 13 Es handelt sich um die **soziale** Aufgabe der Sprache.

Seite 31 ② d)

In dem Wort „sachlich" steckt das Wort **Sache**. Den Wortteil „-lich" bezeichnet man als **Endsilbe**. Das Wort „sachlich" gehört zur Wortart der **Adjektive** (deutsche Bezeichnung: **Eigenschaftswörter**), das Wort **Sache** dagegen zur Wortart der **Nomen** (deutsche Bezeichnung: **Hauptwörter**). Nomen erkennt man daran, dass sie ein **grammatisches Geschlecht** besitzen, denn man kann ihnen einen **Artikel** voranstellen. Adjektive erkennt man daran, dass man sie **steigern** kann. Der Artikel des Nomens „Sache" ist **die**, das grammatische Geschlecht des Wortes ist also **weiblich**. Die Steigerungsformen des Adjektivs „sachlich" sind **sachlicher** und **am sachlichsten**. Durch Anhängen der Endsilbe „-lich" kann man also ein **Nomen** in ein **Adjektiv** umformen.

Seite 32 ③ d)

Dieser Sprecherin geht es also bei ihrer Meinungsäußerung nicht so sehr um den **Inhalt**, sondern sie will damit eher die **zwischenmenschliche Beziehung** zu ihren Gesprächspartnern gestalten. Ihre Sprache erfüllt also mehr eine **soziale** als eine **inhaltliche** Aufgabe.

Seite 39 ⑨ c)

Wenn am Satzanfang die Begründung stehen soll, muss die Konjunktion (das Bindewort) sich ändern:
Bei täglichem Wechsel wird der Postgang leicht vergessen, **deshalb** sollte die Verantwortung monatlich wechseln. (Aus der Begründung ist eine Folgerung geworden.)

Seite 50 ③

Anschlag am schwarzen Brett einer Berufsschule:

Liebe Kolleginnen und Kollegen,
ihr habt einen schönen **und dabei** anstrengenden Beruf gewählt. Damit ihr länger **dabeibleiben** könnt, solltet ihr etwas für euch tun. Wir wollen die Volleyball-AG weiterführen und brauchen jede Menge neue Spieler. Die anderen, die schon länger **dabei sind**, freuen sich schon darauf, wieder zwei komplette Mannschaften aufstellen zu können.
Es bleibt also **dabei**: Dienstag 18.00 Uhr in der Sporthalle 1.
(Jeder sollte – ihr kennt den Hausmeister – Hallenturnschuhe **dabeihaben**)
Die Volleyballer

Seite 50 ①

Hämatom, Hämatozoon, Hämaturie, Hämorrhoide, Enteritis, Dermographismus, Epikondylitis, Ossifikation, Radix, Stomatologie

②

Blinddarmentzündung	–	Appendizitis
Hirnhautentzündung	–	Meningitis
Leberentzündung	–	Hepatitis
Lungenentzündung	–	Pneumonie
Leberschrumpfung	–	Leberzirrhose
entzündliche Abnutzungserscheinungen der Gelenke	–	Arthritis
Durchfall	–	Diarrhoe
Bluterguss	–	Hämatom
Zahnfleischschwund	–	Parodontose
Krebs	–	Karzinom
Zahnfleischentzündung	–	Gingivitis

③ a)

Medizinische Fachausdrücke stammen in der überwiegenden Mehrzahl aus dem Lateinischen oder Griechischen. Die Begriffe sind dabei aus sich häufig wiederholenden Vor- und Nachsilben zusammengesetzt. Hier sind es die Nachsilben und ihre Bedeutungen:

itis	–	Entzündung
rhoe	–	herabfließen
om	–	Geschwulst, Erguss
ose, osis	–	in der Regel chronische oder degenerative Erkrankungen

Seite 51 ③ b)

Retinitis, Gastritis, Dermatitis

③ c)

Stethoskop	–	Hörrohr zum Abhören von Geräuschen im Körperinneren
Gastroskop	–	mit Spiegel versehenes Metallrohr zur Untersuchung des Mageninneren
Laryngoskop	–	Kehlkopfspiegel, Kehlkopfspatel
Otoskop	–	Ohrenspiegel

Seite 52 ②

1. FALLE 2. DACKEL 3. TASSE 4. FELL 5. FRACK 6. ROST 7. RAMMEN 8. LAMPE 9. DUETT 10. BAST

Seite 69

a) Damit bei Fensterbriefumschlägen der Zustellort für die Post schneller zu erkennen ist.

b) An Stelle der Straße.

c) Weil der Empfänger des Briefes seine eigene Telefonnummer kennt.

d) Sehr geehrte Damen und Herren,…

e) Mit einem Komma. – Klein.

f) Damit man bei schwer lesbaren Handschriften den vollständigen Namen lesen kann.

Seite 71 ⑧

Leitwort	**Bedeutung**
Zeichen	Aktenzeichen, Namenskürzel der Bearbeiterin/des Bearbeiters, Namenszeichen der Schreibkraft
Nachricht	Bearbeitungsdatum, Datum des letzten Schriftverkehrs
Name	Ansprechpartner, Name des Bearbeiters

Seite 73 ① b)

B C A